# Property Of:

# A

NAME: ______________________

ADDRESS: ______________________

______________________

PHONE: ______________ EMAIL: ______________

| | 2023 | 2024 | 2025 | 2026 | 2027 | 2028 | 2029 | 2030 | 2031 | 2032 |
|---|---|---|---|---|---|---|---|---|---|---|
| S | ☐ | ☐ | ☐ | ☐ | ☐ | ☐ | ☐ | ☐ | ☐ | ☐ |
| R | ☐ | ☐ | ☐ | ☐ | ☐ | ☐ | ☐ | ☐ | ☐ | ☐ |

NAME: ______________________

ADDRESS: ______________________

______________________

PHONE: ______________ EMAIL: ______________

| | 2023 | 2024 | 2025 | 2026 | 2027 | 2028 | 2029 | 2030 | 2031 | 2032 |
|---|---|---|---|---|---|---|---|---|---|---|
| S | ☐ | ☐ | ☐ | ☐ | ☐ | ☐ | ☐ | ☐ | ☐ | ☐ |
| R | ☐ | ☐ | ☐ | ☐ | ☐ | ☐ | ☐ | ☐ | ☐ | ☐ |

NAME: ______________________

ADDRESS: ______________________

______________________

PHONE: ______________ EMAIL: ______________

| | 2023 | 2024 | 2025 | 2026 | 2027 | 2028 | 2029 | 2030 | 2031 | 2032 |
|---|---|---|---|---|---|---|---|---|---|---|
| S | ☐ | ☐ | ☐ | ☐ | ☐ | ☐ | ☐ | ☐ | ☐ | ☐ |
| R | ☐ | ☐ | ☐ | ☐ | ☐ | ☐ | ☐ | ☐ | ☐ | ☐ |

A

NAME:

ADDRESS:

PHONE: EMAIL:

| | 2023 | 2024 | 2025 | 2026 | 2027 | 2028 | 2029 | 2030 | 2031 | 2032 |
|---|---|---|---|---|---|---|---|---|---|---|
| S | ☐ | ☐ | ☐ | ☐ | ☐ | ☐ | ☐ | ☐ | ☐ | ☐ |
| R | ☐ | ☐ | ☐ | ☐ | ☐ | ☐ | ☐ | ☐ | ☐ | ☐ |

NAME:

ADDRESS:

PHONE: EMAIL:

| | 2023 | 2024 | 2025 | 2026 | 2027 | 2028 | 2029 | 2030 | 2031 | 2032 |
|---|---|---|---|---|---|---|---|---|---|---|
| S | ☐ | ☐ | ☐ | ☐ | ☐ | ☐ | ☐ | ☐ | ☐ | ☐ |
| R | ☐ | ☐ | ☐ | ☐ | ☐ | ☐ | ☐ | ☐ | ☐ | ☐ |

NAME:

ADDRESS:

PHONE: EMAIL:

| | 2023 | 2024 | 2025 | 2026 | 2027 | 2028 | 2029 | 2030 | 2031 | 2032 |
|---|---|---|---|---|---|---|---|---|---|---|
| S | ☐ | ☐ | ☐ | ☐ | ☐ | ☐ | ☐ | ☐ | ☐ | ☐ |
| R | ☐ | ☐ | ☐ | ☐ | ☐ | ☐ | ☐ | ☐ | ☐ | ☐ |

# A

NAME:

ADDRESS:

PHONE: EMAIL:

| | 2023 | 2024 | 2025 | 2026 | 2027 | 2028 | 2029 | 2030 | 2031 | 2032 |
|---|---|---|---|---|---|---|---|---|---|---|
| S | ☐ | ☐ | ☐ | ☐ | ☐ | ☐ | ☐ | ☐ | ☐ | ☐ |
| R | ☐ | ☐ | ☐ | ☐ | ☐ | ☐ | ☐ | ☐ | ☐ | ☐ |

NAME:

ADDRESS:

PHONE: EMAIL:

| | 2023 | 2024 | 2025 | 2026 | 2027 | 2028 | 2029 | 2030 | 2031 | 2032 |
|---|---|---|---|---|---|---|---|---|---|---|
| S | ☐ | ☐ | ☐ | ☐ | ☐ | ☐ | ☐ | ☐ | ☐ | ☐ |
| R | ☐ | ☐ | ☐ | ☐ | ☐ | ☐ | ☐ | ☐ | ☐ | ☐ |

NAME:

ADDRESS:

PHONE: EMAIL:

| | 2023 | 2024 | 2025 | 2026 | 2027 | 2028 | 2029 | 2030 | 2031 | 2032 |
|---|---|---|---|---|---|---|---|---|---|---|
| S | ☐ | ☐ | ☐ | ☐ | ☐ | ☐ | ☐ | ☐ | ☐ | ☐ |
| R | ☐ | ☐ | ☐ | ☐ | ☐ | ☐ | ☐ | ☐ | ☐ | ☐ |

A

NAME: ______________________

ADDRESS: ______________________

______________________

PHONE: ______________ EMAIL: ______________

| | 2023 | 2024 | 2025 | 2026 | 2027 | 2028 | 2029 | 2030 | 2031 | 2032 |
|---|---|---|---|---|---|---|---|---|---|---|
| S | ☐ | ☐ | ☐ | ☐ | ☐ | ☐ | ☐ | ☐ | ☐ | ☐ |
| R | ☐ | ☐ | ☐ | ☐ | ☐ | ☐ | ☐ | ☐ | ☐ | ☐ |

---

NAME: ______________________

ADDRESS: ______________________

______________________

PHONE: ______________ EMAIL: ______________

| | 2023 | 2024 | 2025 | 2026 | 2027 | 2028 | 2029 | 2030 | 2031 | 2032 |
|---|---|---|---|---|---|---|---|---|---|---|
| S | ☐ | ☐ | ☐ | ☐ | ☐ | ☐ | ☐ | ☐ | ☐ | ☐ |
| R | ☐ | ☐ | ☐ | ☐ | ☐ | ☐ | ☐ | ☐ | ☐ | ☐ |

---

NAME: ______________________

ADDRESS: ______________________

______________________

PHONE: ______________ EMAIL: ______________

| | 2023 | 2024 | 2025 | 2026 | 2027 | 2028 | 2029 | 2030 | 2031 | 2032 |
|---|---|---|---|---|---|---|---|---|---|---|
| S | ☐ | ☐ | ☐ | ☐ | ☐ | ☐ | ☐ | ☐ | ☐ | ☐ |
| R | ☐ | ☐ | ☐ | ☐ | ☐ | ☐ | ☐ | ☐ | ☐ | ☐ |

# A

NAME:

ADDRESS:

PHONE: EMAIL:

| | 2023 | 2024 | 2025 | 2026 | 2027 | 2028 | 2029 | 2030 | 2031 | 2032 |
|---|---|---|---|---|---|---|---|---|---|---|
| S | ☐ | ☐ | ☐ | ☐ | ☐ | ☐ | ☐ | ☐ | ☐ | ☐ |
| R | ☐ | ☐ | ☐ | ☐ | ☐ | ☐ | ☐ | ☐ | ☐ | ☐ |

NAME:

ADDRESS:

PHONE: EMAIL:

| | 2023 | 2024 | 2025 | 2026 | 2027 | 2028 | 2029 | 2030 | 2031 | 2032 |
|---|---|---|---|---|---|---|---|---|---|---|
| S | ☐ | ☐ | ☐ | ☐ | ☐ | ☐ | ☐ | ☐ | ☐ | ☐ |
| R | ☐ | ☐ | ☐ | ☐ | ☐ | ☐ | ☐ | ☐ | ☐ | ☐ |

NAME:

ADDRESS:

PHONE: EMAIL:

| | 2023 | 2024 | 2025 | 2026 | 2027 | 2028 | 2029 | 2030 | 2031 | 2032 |
|---|---|---|---|---|---|---|---|---|---|---|
| S | ☐ | ☐ | ☐ | ☐ | ☐ | ☐ | ☐ | ☐ | ☐ | ☐ |
| R | ☐ | ☐ | ☐ | ☐ | ☐ | ☐ | ☐ | ☐ | ☐ | ☐ |

NAME:

ADDRESS:

PHONE: EMAIL:

| | 2023 | 2024 | 2025 | 2026 | 2027 | 2028 | 2029 | 2030 | 2031 | 2032 |
|---|---|---|---|---|---|---|---|---|---|---|
| S | ☐ | ☐ | ☐ | ☐ | ☐ | ☐ | ☐ | ☐ | ☐ | ☐ |
| R | ☐ | ☐ | ☐ | ☐ | ☐ | ☐ | ☐ | ☐ | ☐ | ☐ |

NAME:

ADDRESS:

PHONE: EMAIL:

| | 2023 | 2024 | 2025 | 2026 | 2027 | 2028 | 2029 | 2030 | 2031 | 2032 |
|---|---|---|---|---|---|---|---|---|---|---|
| S | ☐ | ☐ | ☐ | ☐ | ☐ | ☐ | ☐ | ☐ | ☐ | ☐ |
| R | ☐ | ☐ | ☐ | ☐ | ☐ | ☐ | ☐ | ☐ | ☐ | ☐ |

NAME:

ADDRESS:

PHONE: EMAIL:

| | 2023 | 2024 | 2025 | 2026 | 2027 | 2028 | 2029 | 2030 | 2031 | 2032 |
|---|---|---|---|---|---|---|---|---|---|---|
| S | ☐ | ☐ | ☐ | ☐ | ☐ | ☐ | ☐ | ☐ | ☐ | ☐ |
| R | ☐ | ☐ | ☐ | ☐ | ☐ | ☐ | ☐ | ☐ | ☐ | ☐ |

# B

NAME:

ADDRESS:

PHONE: EMAIL:

| | 2023 | 2024 | 2025 | 2026 | 2027 | 2028 | 2029 | 2030 | 2031 | 2032 |
|---|---|---|---|---|---|---|---|---|---|---|
| S | ☐ | ☐ | ☐ | ☐ | ☐ | ☐ | ☐ | ☐ | ☐ | ☐ |
| R | ☐ | ☐ | ☐ | ☐ | ☐ | ☐ | ☐ | ☐ | ☐ | ☐ |

---

NAME:

ADDRESS:

PHONE: EMAIL:

| | 2023 | 2024 | 2025 | 2026 | 2027 | 2028 | 2029 | 2030 | 2031 | 2032 |
|---|---|---|---|---|---|---|---|---|---|---|
| S | ☐ | ☐ | ☐ | ☐ | ☐ | ☐ | ☐ | ☐ | ☐ | ☐ |
| R | ☐ | ☐ | ☐ | ☐ | ☐ | ☐ | ☐ | ☐ | ☐ | ☐ |

---

NAME:

ADDRESS:

PHONE: EMAIL:

| | 2023 | 2024 | 2025 | 2026 | 2027 | 2028 | 2029 | 2030 | 2031 | 2032 |
|---|---|---|---|---|---|---|---|---|---|---|
| S | ☐ | ☐ | ☐ | ☐ | ☐ | ☐ | ☐ | ☐ | ☐ | ☐ |
| R | ☐ | ☐ | ☐ | ☐ | ☐ | ☐ | ☐ | ☐ | ☐ | ☐ |

# B

NAME:

ADDRESS:

PHONE: EMAIL:

| | 2023 | 2024 | 2025 | 2026 | 2027 | 2028 | 2029 | 2030 | 2031 | 2032 |
|---|---|---|---|---|---|---|---|---|---|---|
| S | ☐ | ☐ | ☐ | ☐ | ☐ | ☐ | ☐ | ☐ | ☐ | ☐ |
| R | ☐ | ☐ | ☐ | ☐ | ☐ | ☐ | ☐ | ☐ | ☐ | ☐ |

---

NAME:

ADDRESS:

PHONE: EMAIL:

| | 2023 | 2024 | 2025 | 2026 | 2027 | 2028 | 2029 | 2030 | 2031 | 2032 |
|---|---|---|---|---|---|---|---|---|---|---|
| S | ☐ | ☐ | ☐ | ☐ | ☐ | ☐ | ☐ | ☐ | ☐ | ☐ |
| R | ☐ | ☐ | ☐ | ☐ | ☐ | ☐ | ☐ | ☐ | ☐ | ☐ |

---

NAME:

ADDRESS:

PHONE: EMAIL:

| | 2023 | 2024 | 2025 | 2026 | 2027 | 2028 | 2029 | 2030 | 2031 | 2032 |
|---|---|---|---|---|---|---|---|---|---|---|
| S | ☐ | ☐ | ☐ | ☐ | ☐ | ☐ | ☐ | ☐ | ☐ | ☐ |
| R | ☐ | ☐ | ☐ | ☐ | ☐ | ☐ | ☐ | ☐ | ☐ | ☐ |

---

# B

NAME:

ADDRESS:

PHONE: EMAIL:

| | 2023 | 2024 | 2025 | 2026 | 2027 | 2028 | 2029 | 2030 | 2031 | 2032 |
|---|---|---|---|---|---|---|---|---|---|---|
| S | ☐ | ☐ | ☐ | ☐ | ☐ | ☐ | ☐ | ☐ | ☐ | ☐ |
| R | ☐ | ☐ | ☐ | ☐ | ☐ | ☐ | ☐ | ☐ | ☐ | ☐ |

NAME:

ADDRESS:

PHONE: EMAIL:

| | 2023 | 2024 | 2025 | 2026 | 2027 | 2028 | 2029 | 2030 | 2031 | 2032 |
|---|---|---|---|---|---|---|---|---|---|---|
| S | ☐ | ☐ | ☐ | ☐ | ☐ | ☐ | ☐ | ☐ | ☐ | ☐ |
| R | ☐ | ☐ | ☐ | ☐ | ☐ | ☐ | ☐ | ☐ | ☐ | ☐ |

NAME:

ADDRESS:

PHONE: EMAIL:

| | 2023 | 2024 | 2025 | 2026 | 2027 | 2028 | 2029 | 2030 | 2031 | 2032 |
|---|---|---|---|---|---|---|---|---|---|---|
| S | ☐ | ☐ | ☐ | ☐ | ☐ | ☐ | ☐ | ☐ | ☐ | ☐ |
| R | ☐ | ☐ | ☐ | ☐ | ☐ | ☐ | ☐ | ☐ | ☐ | ☐ |

B

NAME:

ADDRESS:

PHONE: EMAIL:

| | 2023 | 2024 | 2025 | 2026 | 2027 | 2028 | 2029 | 2030 | 2031 | 2032 |
|---|---|---|---|---|---|---|---|---|---|---|
| S | ☐ | ☐ | ☐ | ☐ | ☐ | ☐ | ☐ | ☐ | ☐ | ☐ |
| R | ☐ | ☐ | ☐ | ☐ | ☐ | ☐ | ☐ | ☐ | ☐ | ☐ |

NAME:

ADDRESS:

PHONE: EMAIL:

| | 2023 | 2024 | 2025 | 2026 | 2027 | 2028 | 2029 | 2030 | 2031 | 2032 |
|---|---|---|---|---|---|---|---|---|---|---|
| S | ☐ | ☐ | ☐ | ☐ | ☐ | ☐ | ☐ | ☐ | ☐ | ☐ |
| R | ☐ | ☐ | ☐ | ☐ | ☐ | ☐ | ☐ | ☐ | ☐ | ☐ |

NAME:

ADDRESS:

PHONE: EMAIL:

| | 2023 | 2024 | 2025 | 2026 | 2027 | 2028 | 2029 | 2030 | 2031 | 2032 |
|---|---|---|---|---|---|---|---|---|---|---|
| S | ☐ | ☐ | ☐ | ☐ | ☐ | ☐ | ☐ | ☐ | ☐ | ☐ |
| R | ☐ | ☐ | ☐ | ☐ | ☐ | ☐ | ☐ | ☐ | ☐ | ☐ |

# B

NAME:

ADDRESS:

PHONE: EMAIL:

| | 2023 | 2024 | 2025 | 2026 | 2027 | 2028 | 2029 | 2030 | 2031 | 2032 |
|---|---|---|---|---|---|---|---|---|---|---|
| S | ☐ | ☐ | ☐ | ☐ | ☐ | ☐ | ☐ | ☐ | ☐ | ☐ |
| R | ☐ | ☐ | ☐ | ☐ | ☐ | ☐ | ☐ | ☐ | ☐ | ☐ |

NAME:

ADDRESS:

PHONE: EMAIL:

| | 2023 | 2024 | 2025 | 2026 | 2027 | 2028 | 2029 | 2030 | 2031 | 2032 |
|---|---|---|---|---|---|---|---|---|---|---|
| S | ☐ | ☐ | ☐ | ☐ | ☐ | ☐ | ☐ | ☐ | ☐ | ☐ |
| R | ☐ | ☐ | ☐ | ☐ | ☐ | ☐ | ☐ | ☐ | ☐ | ☐ |

NAME:

ADDRESS:

PHONE: EMAIL:

| | 2023 | 2024 | 2025 | 2026 | 2027 | 2028 | 2029 | 2030 | 2031 | 2032 |
|---|---|---|---|---|---|---|---|---|---|---|
| S | ☐ | ☐ | ☐ | ☐ | ☐ | ☐ | ☐ | ☐ | ☐ | ☐ |
| R | ☐ | ☐ | ☐ | ☐ | ☐ | ☐ | ☐ | ☐ | ☐ | ☐ |

NAME:

ADDRESS:

PHONE: EMAIL:

| | 2023 | 2024 | 2025 | 2026 | 2027 | 2028 | 2029 | 2030 | 2031 | 2032 |
|---|---|---|---|---|---|---|---|---|---|---|
| S | ☐ | ☐ | ☐ | ☐ | ☐ | ☐ | ☐ | ☐ | ☐ | ☐ |
| R | ☐ | ☐ | ☐ | ☐ | ☐ | ☐ | ☐ | ☐ | ☐ | ☐ |

NAME:

ADDRESS:

PHONE: EMAIL:

| | 2023 | 2024 | 2025 | 2026 | 2027 | 2028 | 2029 | 2030 | 2031 | 2032 |
|---|---|---|---|---|---|---|---|---|---|---|
| S | ☐ | ☐ | ☐ | ☐ | ☐ | ☐ | ☐ | ☐ | ☐ | ☐ |
| R | ☐ | ☐ | ☐ | ☐ | ☐ | ☐ | ☐ | ☐ | ☐ | ☐ |

NAME:

ADDRESS:

PHONE: EMAIL:

| | 2023 | 2024 | 2025 | 2026 | 2027 | 2028 | 2029 | 2030 | 2031 | 2032 |
|---|---|---|---|---|---|---|---|---|---|---|
| S | ☐ | ☐ | ☐ | ☐ | ☐ | ☐ | ☐ | ☐ | ☐ | ☐ |
| R | ☐ | ☐ | ☐ | ☐ | ☐ | ☐ | ☐ | ☐ | ☐ | ☐ |

# C

NAME:

ADDRESS:

PHONE: EMAIL:

| | 2023 | 2024 | 2025 | 2026 | 2027 | 2028 | 2029 | 2030 | 2031 | 2032 |
|---|---|---|---|---|---|---|---|---|---|---|
| S | ☐ | ☐ | ☐ | ☐ | ☐ | ☐ | ☐ | ☐ | ☐ | ☐ |
| R | ☐ | ☐ | ☐ | ☐ | ☐ | ☐ | ☐ | ☐ | ☐ | ☐ |

NAME:

ADDRESS:

PHONE: EMAIL:

| | 2023 | 2024 | 2025 | 2026 | 2027 | 2028 | 2029 | 2030 | 2031 | 2032 |
|---|---|---|---|---|---|---|---|---|---|---|
| S | ☐ | ☐ | ☐ | ☐ | ☐ | ☐ | ☐ | ☐ | ☐ | ☐ |
| R | ☐ | ☐ | ☐ | ☐ | ☐ | ☐ | ☐ | ☐ | ☐ | ☐ |

NAME:

ADDRESS:

PHONE: EMAIL:

| | 2023 | 2024 | 2025 | 2026 | 2027 | 2028 | 2029 | 2030 | 2031 | 2032 |
|---|---|---|---|---|---|---|---|---|---|---|
| S | ☐ | ☐ | ☐ | ☐ | ☐ | ☐ | ☐ | ☐ | ☐ | ☐ |
| R | ☐ | ☐ | ☐ | ☐ | ☐ | ☐ | ☐ | ☐ | ☐ | ☐ |

NAME: ____________________

ADDRESS: ____________________

____________________

PHONE: ____________________ EMAIL: ____________________

| | 2023 | 2024 | 2025 | 2026 | 2027 | 2028 | 2029 | 2030 | 2031 | 2032 |
|---|---|---|---|---|---|---|---|---|---|---|
| S | ☐ | ☐ | ☐ | ☐ | ☐ | ☐ | ☐ | ☐ | ☐ | ☐ |
| R | ☐ | ☐ | ☐ | ☐ | ☐ | ☐ | ☐ | ☐ | ☐ | ☐ |

---

NAME: ____________________

ADDRESS: ____________________

____________________

PHONE: ____________________ EMAIL: ____________________

| | 2023 | 2024 | 2025 | 2026 | 2027 | 2028 | 2029 | 2030 | 2031 | 2032 |
|---|---|---|---|---|---|---|---|---|---|---|
| S | ☐ | ☐ | ☐ | ☐ | ☐ | ☐ | ☐ | ☐ | ☐ | ☐ |
| R | ☐ | ☐ | ☐ | ☐ | ☐ | ☐ | ☐ | ☐ | ☐ | ☐ |

---

NAME: ____________________

ADDRESS: ____________________

____________________

PHONE: ____________________ EMAIL: ____________________

| | 2023 | 2024 | 2025 | 2026 | 2027 | 2028 | 2029 | 2030 | 2031 | 2032 |
|---|---|---|---|---|---|---|---|---|---|---|
| S | ☐ | ☐ | ☐ | ☐ | ☐ | ☐ | ☐ | ☐ | ☐ | ☐ |
| R | ☐ | ☐ | ☐ | ☐ | ☐ | ☐ | ☐ | ☐ | ☐ | ☐ |

# C

NAME:
ADDRESS:

PHONE: EMAIL:

| | 2023 | 2024 | 2025 | 2026 | 2027 | 2028 | 2029 | 2030 | 2031 | 2032 |
|---|---|---|---|---|---|---|---|---|---|---|
| S | ☐ | ☐ | ☐ | ☐ | ☐ | ☐ | ☐ | ☐ | ☐ | ☐ |
| R | ☐ | ☐ | ☐ | ☐ | ☐ | ☐ | ☐ | ☐ | ☐ | ☐ |

NAME:
ADDRESS:

PHONE: EMAIL:

| | 2023 | 2024 | 2025 | 2026 | 2027 | 2028 | 2029 | 2030 | 2031 | 2032 |
|---|---|---|---|---|---|---|---|---|---|---|
| S | ☐ | ☐ | ☐ | ☐ | ☐ | ☐ | ☐ | ☐ | ☐ | ☐ |
| R | ☐ | ☐ | ☐ | ☐ | ☐ | ☐ | ☐ | ☐ | ☐ | ☐ |

NAME:
ADDRESS:

PHONE: EMAIL:

| | 2023 | 2024 | 2025 | 2026 | 2027 | 2028 | 2029 | 2030 | 2031 | 2032 |
|---|---|---|---|---|---|---|---|---|---|---|
| S | ☐ | ☐ | ☐ | ☐ | ☐ | ☐ | ☐ | ☐ | ☐ | ☐ |
| R | ☐ | ☐ | ☐ | ☐ | ☐ | ☐ | ☐ | ☐ | ☐ | ☐ |

NAME:

ADDRESS:

PHONE: EMAIL:

C

| | 2023 | 2024 | 2025 | 2026 | 2027 | 2028 | 2029 | 2030 | 2031 | 2032 |
|---|---|---|---|---|---|---|---|---|---|---|
| S | ☐ | ☐ | ☐ | ☐ | ☐ | ☐ | ☐ | ☐ | ☐ | ☐ |
| R | ☐ | ☐ | ☐ | ☐ | ☐ | ☐ | ☐ | ☐ | ☐ | ☐ |

NAME:

ADDRESS:

PHONE: EMAIL:

| | 2023 | 2024 | 2025 | 2026 | 2027 | 2028 | 2029 | 2030 | 2031 | 2032 |
|---|---|---|---|---|---|---|---|---|---|---|
| S | ☐ | ☐ | ☐ | ☐ | ☐ | ☐ | ☐ | ☐ | ☐ | ☐ |
| R | ☐ | ☐ | ☐ | ☐ | ☐ | ☐ | ☐ | ☐ | ☐ | ☐ |

NAME:

ADDRESS:

PHONE: EMAIL:

| | 2023 | 2024 | 2025 | 2026 | 2027 | 2028 | 2029 | 2030 | 2031 | 2032 |
|---|---|---|---|---|---|---|---|---|---|---|
| S | ☐ | ☐ | ☐ | ☐ | ☐ | ☐ | ☐ | ☐ | ☐ | ☐ |
| R | ☐ | ☐ | ☐ | ☐ | ☐ | ☐ | ☐ | ☐ | ☐ | ☐ |

# C

NAME: ______________________________

ADDRESS: ______________________________

______________________________

PHONE: ____________________ EMAIL: ____________________

| | 2023 | 2024 | 2025 | 2026 | 2027 | 2028 | 2029 | 2030 | 2031 | 2032 |
|---|---|---|---|---|---|---|---|---|---|---|
| S | ☐ | ☐ | ☐ | ☐ | ☐ | ☐ | ☐ | ☐ | ☐ | ☐ |
| R | ☐ | ☐ | ☐ | ☐ | ☐ | ☐ | ☐ | ☐ | ☐ | ☐ |

---

NAME: ______________________________

ADDRESS: ______________________________

______________________________

PHONE: ____________________ EMAIL: ____________________

| | 2023 | 2024 | 2025 | 2026 | 2027 | 2028 | 2029 | 2030 | 2031 | 2032 |
|---|---|---|---|---|---|---|---|---|---|---|
| S | ☐ | ☐ | ☐ | ☐ | ☐ | ☐ | ☐ | ☐ | ☐ | ☐ |
| R | ☐ | ☐ | ☐ | ☐ | ☐ | ☐ | ☐ | ☐ | ☐ | ☐ |

---

NAME: ______________________________

ADDRESS: ______________________________

______________________________

PHONE: ____________________ EMAIL: ____________________

| | 2023 | 2024 | 2025 | 2026 | 2027 | 2028 | 2029 | 2030 | 2031 | 2032 |
|---|---|---|---|---|---|---|---|---|---|---|
| S | ☐ | ☐ | ☐ | ☐ | ☐ | ☐ | ☐ | ☐ | ☐ | ☐ |
| R | ☐ | ☐ | ☐ | ☐ | ☐ | ☐ | ☐ | ☐ | ☐ | ☐ |

C

NAME:

ADDRESS:

PHONE: EMAIL:

| | 2023 | 2024 | 2025 | 2026 | 2027 | 2028 | 2029 | 2030 | 2031 | 2032 |
|---|---|---|---|---|---|---|---|---|---|---|
| S | ☐ | ☐ | ☐ | ☐ | ☐ | ☐ | ☐ | ☐ | ☐ | ☐ |
| R | ☐ | ☐ | ☐ | ☐ | ☐ | ☐ | ☐ | ☐ | ☐ | ☐ |

NAME:

ADDRESS:

PHONE: EMAIL:

| | 2023 | 2024 | 2025 | 2026 | 2027 | 2028 | 2029 | 2030 | 2031 | 2032 |
|---|---|---|---|---|---|---|---|---|---|---|
| S | ☐ | ☐ | ☐ | ☐ | ☐ | ☐ | ☐ | ☐ | ☐ | ☐ |
| R | ☐ | ☐ | ☐ | ☐ | ☐ | ☐ | ☐ | ☐ | ☐ | ☐ |

NAME:

ADDRESS:

PHONE: EMAIL:

| | 2023 | 2024 | 2025 | 2026 | 2027 | 2028 | 2029 | 2030 | 2031 | 2032 |
|---|---|---|---|---|---|---|---|---|---|---|
| S | ☐ | ☐ | ☐ | ☐ | ☐ | ☐ | ☐ | ☐ | ☐ | ☐ |
| R | ☐ | ☐ | ☐ | ☐ | ☐ | ☐ | ☐ | ☐ | ☐ | ☐ |

# D

NAME: ______________________________

ADDRESS: ______________________________

______________________________

PHONE: ______________ EMAIL: ______________

| | 2023 | 2024 | 2025 | 2026 | 2027 | 2028 | 2029 | 2030 | 2031 | 2032 |
|---|---|---|---|---|---|---|---|---|---|---|
| S | ☐ | ☐ | ☐ | ☐ | ☐ | ☐ | ☐ | ☐ | ☐ | ☐ |
| R | ☐ | ☐ | ☐ | ☐ | ☐ | ☐ | ☐ | ☐ | ☐ | ☐ |

---

NAME: ______________________________

ADDRESS: ______________________________

______________________________

PHONE: ______________ EMAIL: ______________

| | 2023 | 2024 | 2025 | 2026 | 2027 | 2028 | 2029 | 2030 | 2031 | 2032 |
|---|---|---|---|---|---|---|---|---|---|---|
| S | ☐ | ☐ | ☐ | ☐ | ☐ | ☐ | ☐ | ☐ | ☐ | ☐ |
| R | ☐ | ☐ | ☐ | ☐ | ☐ | ☐ | ☐ | ☐ | ☐ | ☐ |

---

NAME: ______________________________

ADDRESS: ______________________________

______________________________

PHONE: ______________ EMAIL: ______________

| | 2023 | 2024 | 2025 | 2026 | 2027 | 2028 | 2029 | 2030 | 2031 | 2032 |
|---|---|---|---|---|---|---|---|---|---|---|
| S | ☐ | ☐ | ☐ | ☐ | ☐ | ☐ | ☐ | ☐ | ☐ | ☐ |
| R | ☐ | ☐ | ☐ | ☐ | ☐ | ☐ | ☐ | ☐ | ☐ | ☐ |

---

D

NAME:

ADDRESS:

PHONE: EMAIL:

| | 2023 | 2024 | 2025 | 2026 | 2027 | 2028 | 2029 | 2030 | 2031 | 2032 |
|---|---|---|---|---|---|---|---|---|---|---|
| S | ☐ | ☐ | ☐ | ☐ | ☐ | ☐ | ☐ | ☐ | ☐ | ☐ |
| R | ☐ | ☐ | ☐ | ☐ | ☐ | ☐ | ☐ | ☐ | ☐ | ☐ |

NAME:

ADDRESS:

PHONE: EMAIL:

| | 2023 | 2024 | 2025 | 2026 | 2027 | 2028 | 2029 | 2030 | 2031 | 2032 |
|---|---|---|---|---|---|---|---|---|---|---|
| S | ☐ | ☐ | ☐ | ☐ | ☐ | ☐ | ☐ | ☐ | ☐ | ☐ |
| R | ☐ | ☐ | ☐ | ☐ | ☐ | ☐ | ☐ | ☐ | ☐ | ☐ |

NAME:

ADDRESS:

PHONE: EMAIL:

| | 2023 | 2024 | 2025 | 2026 | 2027 | 2028 | 2029 | 2030 | 2031 | 2032 |
|---|---|---|---|---|---|---|---|---|---|---|
| S | ☐ | ☐ | ☐ | ☐ | ☐ | ☐ | ☐ | ☐ | ☐ | ☐ |
| R | ☐ | ☐ | ☐ | ☐ | ☐ | ☐ | ☐ | ☐ | ☐ | ☐ |

# D

NAME:

ADDRESS:

PHONE: EMAIL:

| | 2023 | 2024 | 2025 | 2026 | 2027 | 2028 | 2029 | 2030 | 2031 | 2032 |
|---|---|---|---|---|---|---|---|---|---|---|
| S | ☐ | ☐ | ☐ | ☐ | ☐ | ☐ | ☐ | ☐ | ☐ | ☐ |
| R | ☐ | ☐ | ☐ | ☐ | ☐ | ☐ | ☐ | ☐ | ☐ | ☐ |

NAME:

ADDRESS:

PHONE: EMAIL:

| | 2023 | 2024 | 2025 | 2026 | 2027 | 2028 | 2029 | 2030 | 2031 | 2032 |
|---|---|---|---|---|---|---|---|---|---|---|
| S | ☐ | ☐ | ☐ | ☐ | ☐ | ☐ | ☐ | ☐ | ☐ | ☐ |
| R | ☐ | ☐ | ☐ | ☐ | ☐ | ☐ | ☐ | ☐ | ☐ | ☐ |

NAME:

ADDRESS:

PHONE: EMAIL:

| | 2023 | 2024 | 2025 | 2026 | 2027 | 2028 | 2029 | 2030 | 2031 | 2032 |
|---|---|---|---|---|---|---|---|---|---|---|
| S | ☐ | ☐ | ☐ | ☐ | ☐ | ☐ | ☐ | ☐ | ☐ | ☐ |
| R | ☐ | ☐ | ☐ | ☐ | ☐ | ☐ | ☐ | ☐ | ☐ | ☐ |

D

NAME:

ADDRESS:

PHONE: EMAIL:

| | 2023 | 2024 | 2025 | 2026 | 2027 | 2028 | 2029 | 2030 | 2031 | 2032 |
|---|---|---|---|---|---|---|---|---|---|---|
| S | ☐ | ☐ | ☐ | ☐ | ☐ | ☐ | ☐ | ☐ | ☐ | ☐ |
| R | ☐ | ☐ | ☐ | ☐ | ☐ | ☐ | ☐ | ☐ | ☐ | ☐ |

NAME:

ADDRESS:

PHONE: EMAIL:

| | 2023 | 2024 | 2025 | 2026 | 2027 | 2028 | 2029 | 2030 | 2031 | 2032 |
|---|---|---|---|---|---|---|---|---|---|---|
| S | ☐ | ☐ | ☐ | ☐ | ☐ | ☐ | ☐ | ☐ | ☐ | ☐ |
| R | ☐ | ☐ | ☐ | ☐ | ☐ | ☐ | ☐ | ☐ | ☐ | ☐ |

NAME:

ADDRESS:

PHONE: EMAIL:

| | 2023 | 2024 | 2025 | 2026 | 2027 | 2028 | 2029 | 2030 | 2031 | 2032 |
|---|---|---|---|---|---|---|---|---|---|---|
| S | ☐ | ☐ | ☐ | ☐ | ☐ | ☐ | ☐ | ☐ | ☐ | ☐ |
| R | ☐ | ☐ | ☐ | ☐ | ☐ | ☐ | ☐ | ☐ | ☐ | ☐ |

# E

NAME:

ADDRESS:

PHONE: EMAIL:

| | 2023 | 2024 | 2025 | 2026 | 2027 | 2028 | 2029 | 2030 | 2031 | 2032 |
|---|---|---|---|---|---|---|---|---|---|---|
| S | ☐ | ☐ | ☐ | ☐ | ☐ | ☐ | ☐ | ☐ | ☐ | ☐ |
| R | ☐ | ☐ | ☐ | ☐ | ☐ | ☐ | ☐ | ☐ | ☐ | ☐ |

NAME:

ADDRESS:

PHONE: EMAIL:

| | 2023 | 2024 | 2025 | 2026 | 2027 | 2028 | 2029 | 2030 | 2031 | 2032 |
|---|---|---|---|---|---|---|---|---|---|---|
| S | ☐ | ☐ | ☐ | ☐ | ☐ | ☐ | ☐ | ☐ | ☐ | ☐ |
| R | ☐ | ☐ | ☐ | ☐ | ☐ | ☐ | ☐ | ☐ | ☐ | ☐ |

NAME:

ADDRESS:

PHONE: EMAIL:

| | 2023 | 2024 | 2025 | 2026 | 2027 | 2028 | 2029 | 2030 | 2031 | 2032 |
|---|---|---|---|---|---|---|---|---|---|---|
| S | ☐ | ☐ | ☐ | ☐ | ☐ | ☐ | ☐ | ☐ | ☐ | ☐ |
| R | ☐ | ☐ | ☐ | ☐ | ☐ | ☐ | ☐ | ☐ | ☐ | ☐ |

E

NAME:

ADDRESS:

PHONE: EMAIL:

| | 2023 | 2024 | 2025 | 2026 | 2027 | 2028 | 2029 | 2030 | 2031 | 2032 |
|---|---|---|---|---|---|---|---|---|---|---|
| S | ☐ | ☐ | ☐ | ☐ | ☐ | ☐ | ☐ | ☐ | ☐ | ☐ |
| R | ☐ | ☐ | ☐ | ☐ | ☐ | ☐ | ☐ | ☐ | ☐ | ☐ |

NAME:

ADDRESS:

PHONE: EMAIL:

| | 2023 | 2024 | 2025 | 2026 | 2027 | 2028 | 2029 | 2030 | 2031 | 2032 |
|---|---|---|---|---|---|---|---|---|---|---|
| S | ☐ | ☐ | ☐ | ☐ | ☐ | ☐ | ☐ | ☐ | ☐ | ☐ |
| R | ☐ | ☐ | ☐ | ☐ | ☐ | ☐ | ☐ | ☐ | ☐ | ☐ |

NAME:

ADDRESS:

PHONE: EMAIL:

| | 2023 | 2024 | 2025 | 2026 | 2027 | 2028 | 2029 | 2030 | 2031 | 2032 |
|---|---|---|---|---|---|---|---|---|---|---|
| S | ☐ | ☐ | ☐ | ☐ | ☐ | ☐ | ☐ | ☐ | ☐ | ☐ |
| R | ☐ | ☐ | ☐ | ☐ | ☐ | ☐ | ☐ | ☐ | ☐ | ☐ |

# E

NAME:

ADDRESS:

PHONE: EMAIL:

| | 2023 | 2024 | 2025 | 2026 | 2027 | 2028 | 2029 | 2030 | 2031 | 2032 |
|---|---|---|---|---|---|---|---|---|---|---|
| S | ☐ | ☐ | ☐ | ☐ | ☐ | ☐ | ☐ | ☐ | ☐ | ☐ |
| R | ☐ | ☐ | ☐ | ☐ | ☐ | ☐ | ☐ | ☐ | ☐ | ☐ |

NAME:

ADDRESS:

PHONE: EMAIL:

| | 2023 | 2024 | 2025 | 2026 | 2027 | 2028 | 2029 | 2030 | 2031 | 2032 |
|---|---|---|---|---|---|---|---|---|---|---|
| S | ☐ | ☐ | ☐ | ☐ | ☐ | ☐ | ☐ | ☐ | ☐ | ☐ |
| R | ☐ | ☐ | ☐ | ☐ | ☐ | ☐ | ☐ | ☐ | ☐ | ☐ |

NAME:

ADDRESS:

PHONE: EMAIL:

| | 2023 | 2024 | 2025 | 2026 | 2027 | 2028 | 2029 | 2030 | 2031 | 2032 |
|---|---|---|---|---|---|---|---|---|---|---|
| S | ☐ | ☐ | ☐ | ☐ | ☐ | ☐ | ☐ | ☐ | ☐ | ☐ |
| R | ☐ | ☐ | ☐ | ☐ | ☐ | ☐ | ☐ | ☐ | ☐ | ☐ |

E

NAME:

ADDRESS:

PHONE: EMAIL:

| | 2023 | 2024 | 2025 | 2026 | 2027 | 2028 | 2029 | 2030 | 2031 | 2032 |
|---|---|---|---|---|---|---|---|---|---|---|
| S | ☐ | ☐ | ☐ | ☐ | ☐ | ☐ | ☐ | ☐ | ☐ | ☐ |
| R | ☐ | ☐ | ☐ | ☐ | ☐ | ☐ | ☐ | ☐ | ☐ | ☐ |

NAME:

ADDRESS:

PHONE: EMAIL:

| | 2023 | 2024 | 2025 | 2026 | 2027 | 2028 | 2029 | 2030 | 2031 | 2032 |
|---|---|---|---|---|---|---|---|---|---|---|
| S | ☐ | ☐ | ☐ | ☐ | ☐ | ☐ | ☐ | ☐ | ☐ | ☐ |
| R | ☐ | ☐ | ☐ | ☐ | ☐ | ☐ | ☐ | ☐ | ☐ | ☐ |

NAME:

ADDRESS:

PHONE: EMAIL:

| | 2023 | 2024 | 2025 | 2026 | 2027 | 2028 | 2029 | 2030 | 2031 | 2032 |
|---|---|---|---|---|---|---|---|---|---|---|
| S | ☐ | ☐ | ☐ | ☐ | ☐ | ☐ | ☐ | ☐ | ☐ | ☐ |
| R | ☐ | ☐ | ☐ | ☐ | ☐ | ☐ | ☐ | ☐ | ☐ | ☐ |

# F

NAME:

ADDRESS:

PHONE: EMAIL:

| | 2023 | 2024 | 2025 | 2026 | 2027 | 2028 | 2029 | 2030 | 2031 | 2032 |
|---|---|---|---|---|---|---|---|---|---|---|
| S | ☐ | ☐ | ☐ | ☐ | ☐ | ☐ | ☐ | ☐ | ☐ | ☐ |
| R | ☐ | ☐ | ☐ | ☐ | ☐ | ☐ | ☐ | ☐ | ☐ | ☐ |

---

NAME:

ADDRESS:

PHONE: EMAIL:

| | 2023 | 2024 | 2025 | 2026 | 2027 | 2028 | 2029 | 2030 | 2031 | 2032 |
|---|---|---|---|---|---|---|---|---|---|---|
| S | ☐ | ☐ | ☐ | ☐ | ☐ | ☐ | ☐ | ☐ | ☐ | ☐ |
| R | ☐ | ☐ | ☐ | ☐ | ☐ | ☐ | ☐ | ☐ | ☐ | ☐ |

---

NAME:

ADDRESS:

PHONE: EMAIL:

| | 2023 | 2024 | 2025 | 2026 | 2027 | 2028 | 2029 | 2030 | 2031 | 2032 |
|---|---|---|---|---|---|---|---|---|---|---|
| S | ☐ | ☐ | ☐ | ☐ | ☐ | ☐ | ☐ | ☐ | ☐ | ☐ |
| R | ☐ | ☐ | ☐ | ☐ | ☐ | ☐ | ☐ | ☐ | ☐ | ☐ |

NAME:

ADDRESS:

PHONE: EMAIL:

| | 2023 | 2024 | 2025 | 2026 | 2027 | 2028 | 2029 | 2030 | 2031 | 2032 |
|---|---|---|---|---|---|---|---|---|---|---|
| S | ☐ | ☐ | ☐ | ☐ | ☐ | ☐ | ☐ | ☐ | ☐ | ☐ |
| R | ☐ | ☐ | ☐ | ☐ | ☐ | ☐ | ☐ | ☐ | ☐ | ☐ |

NAME:

ADDRESS:

PHONE: EMAIL:

| | 2023 | 2024 | 2025 | 2026 | 2027 | 2028 | 2029 | 2030 | 2031 | 2032 |
|---|---|---|---|---|---|---|---|---|---|---|
| S | ☐ | ☐ | ☐ | ☐ | ☐ | ☐ | ☐ | ☐ | ☐ | ☐ |
| R | ☐ | ☐ | ☐ | ☐ | ☐ | ☐ | ☐ | ☐ | ☐ | ☐ |

NAME:

ADDRESS:

PHONE: EMAIL:

| | 2023 | 2024 | 2025 | 2026 | 2027 | 2028 | 2029 | 2030 | 2031 | 2032 |
|---|---|---|---|---|---|---|---|---|---|---|
| S | ☐ | ☐ | ☐ | ☐ | ☐ | ☐ | ☐ | ☐ | ☐ | ☐ |
| R | ☐ | ☐ | ☐ | ☐ | ☐ | ☐ | ☐ | ☐ | ☐ | ☐ |

# F

NAME:

ADDRESS:

PHONE: EMAIL:

| | 2023 | 2024 | 2025 | 2026 | 2027 | 2028 | 2029 | 2030 | 2031 | 2032 |
|---|---|---|---|---|---|---|---|---|---|---|
| S | ☐ | ☐ | ☐ | ☐ | ☐ | ☐ | ☐ | ☐ | ☐ | ☐ |
| R | ☐ | ☐ | ☐ | ☐ | ☐ | ☐ | ☐ | ☐ | ☐ | ☐ |

NAME:

ADDRESS:

PHONE: EMAIL:

| | 2023 | 2024 | 2025 | 2026 | 2027 | 2028 | 2029 | 2030 | 2031 | 2032 |
|---|---|---|---|---|---|---|---|---|---|---|
| S | ☐ | ☐ | ☐ | ☐ | ☐ | ☐ | ☐ | ☐ | ☐ | ☐ |
| R | ☐ | ☐ | ☐ | ☐ | ☐ | ☐ | ☐ | ☐ | ☐ | ☐ |

NAME:

ADDRESS:

PHONE: EMAIL:

| | 2023 | 2024 | 2025 | 2026 | 2027 | 2028 | 2029 | 2030 | 2031 | 2032 |
|---|---|---|---|---|---|---|---|---|---|---|
| S | ☐ | ☐ | ☐ | ☐ | ☐ | ☐ | ☐ | ☐ | ☐ | ☐ |
| R | ☐ | ☐ | ☐ | ☐ | ☐ | ☐ | ☐ | ☐ | ☐ | ☐ |

F

NAME: ______________________

ADDRESS: ______________________

______________________

PHONE: ______________ EMAIL: ______________

| | 2023 | 2024 | 2025 | 2026 | 2027 | 2028 | 2029 | 2030 | 2031 | 2032 |
|---|---|---|---|---|---|---|---|---|---|---|
| S | ☐ | ☐ | ☐ | ☐ | ☐ | ☐ | ☐ | ☐ | ☐ | ☐ |
| R | ☐ | ☐ | ☐ | ☐ | ☐ | ☐ | ☐ | ☐ | ☐ | ☐ |

---

NAME: ______________________

ADDRESS: ______________________

______________________

PHONE: ______________ EMAIL: ______________

| | 2023 | 2024 | 2025 | 2026 | 2027 | 2028 | 2029 | 2030 | 2031 | 2032 |
|---|---|---|---|---|---|---|---|---|---|---|
| S | ☐ | ☐ | ☐ | ☐ | ☐ | ☐ | ☐ | ☐ | ☐ | ☐ |
| R | ☐ | ☐ | ☐ | ☐ | ☐ | ☐ | ☐ | ☐ | ☐ | ☐ |

---

NAME: ______________________

ADDRESS: ______________________

______________________

PHONE: ______________ EMAIL: ______________

| | 2023 | 2024 | 2025 | 2026 | 2027 | 2028 | 2029 | 2030 | 2031 | 2032 |
|---|---|---|---|---|---|---|---|---|---|---|
| S | ☐ | ☐ | ☐ | ☐ | ☐ | ☐ | ☐ | ☐ | ☐ | ☐ |
| R | ☐ | ☐ | ☐ | ☐ | ☐ | ☐ | ☐ | ☐ | ☐ | ☐ |

G

NAME: ______________________

ADDRESS: ______________________

______________________

PHONE: ______________ EMAIL: ______________

| | 2023 | 2024 | 2025 | 2026 | 2027 | 2028 | 2029 | 2030 | 2031 | 2032 |
|---|---|---|---|---|---|---|---|---|---|---|
| S | ☐ | ☐ | ☐ | ☐ | ☐ | ☐ | ☐ | ☐ | ☐ | ☐ |
| R | ☐ | ☐ | ☐ | ☐ | ☐ | ☐ | ☐ | ☐ | ☐ | ☐ |

---

NAME: ______________________

ADDRESS: ______________________

______________________

PHONE: ______________ EMAIL: ______________

| | 2023 | 2024 | 2025 | 2026 | 2027 | 2028 | 2029 | 2030 | 2031 | 2032 |
|---|---|---|---|---|---|---|---|---|---|---|
| S | ☐ | ☐ | ☐ | ☐ | ☐ | ☐ | ☐ | ☐ | ☐ | ☐ |
| R | ☐ | ☐ | ☐ | ☐ | ☐ | ☐ | ☐ | ☐ | ☐ | ☐ |

---

NAME: ______________________

ADDRESS: ______________________

______________________

PHONE: ______________ EMAIL: ______________

| | 2023 | 2024 | 2025 | 2026 | 2027 | 2028 | 2029 | 2030 | 2031 | 2032 |
|---|---|---|---|---|---|---|---|---|---|---|
| S | ☐ | ☐ | ☐ | ☐ | ☐ | ☐ | ☐ | ☐ | ☐ | ☐ |
| R | ☐ | ☐ | ☐ | ☐ | ☐ | ☐ | ☐ | ☐ | ☐ | ☐ |

---

G

NAME: ______________________

ADDRESS: ______________________

______________________

PHONE: ______________ EMAIL: ______________

| | 2023 | 2024 | 2025 | 2026 | 2027 | 2028 | 2029 | 2030 | 2031 | 2032 |
|---|---|---|---|---|---|---|---|---|---|---|
| S | ☐ | ☐ | ☐ | ☐ | ☐ | ☐ | ☐ | ☐ | ☐ | ☐ |
| R | ☐ | ☐ | ☐ | ☐ | ☐ | ☐ | ☐ | ☐ | ☐ | ☐ |

---

NAME: ______________________

ADDRESS: ______________________

______________________

PHONE: ______________ EMAIL: ______________

| | 2023 | 2024 | 2025 | 2026 | 2027 | 2028 | 2029 | 2030 | 2031 | 2032 |
|---|---|---|---|---|---|---|---|---|---|---|
| S | ☐ | ☐ | ☐ | ☐ | ☐ | ☐ | ☐ | ☐ | ☐ | ☐ |
| R | ☐ | ☐ | ☐ | ☐ | ☐ | ☐ | ☐ | ☐ | ☐ | ☐ |

---

NAME: ______________________

ADDRESS: ______________________

______________________

PHONE: ______________ EMAIL: ______________

| | 2023 | 2024 | 2025 | 2026 | 2027 | 2028 | 2029 | 2030 | 2031 | 2032 |
|---|---|---|---|---|---|---|---|---|---|---|
| S | ☐ | ☐ | ☐ | ☐ | ☐ | ☐ | ☐ | ☐ | ☐ | ☐ |
| R | ☐ | ☐ | ☐ | ☐ | ☐ | ☐ | ☐ | ☐ | ☐ | ☐ |

# G

NAME:

ADDRESS:

PHONE: EMAIL:

| | 2023 | 2024 | 2025 | 2026 | 2027 | 2028 | 2029 | 2030 | 2031 | 2032 |
|---|---|---|---|---|---|---|---|---|---|---|
| S | ☐ | ☐ | ☐ | ☐ | ☐ | ☐ | ☐ | ☐ | ☐ | ☐ |
| R | ☐ | ☐ | ☐ | ☐ | ☐ | ☐ | ☐ | ☐ | ☐ | ☐ |

NAME:

ADDRESS:

PHONE: EMAIL:

| | 2023 | 2024 | 2025 | 2026 | 2027 | 2028 | 2029 | 2030 | 2031 | 2032 |
|---|---|---|---|---|---|---|---|---|---|---|
| S | ☐ | ☐ | ☐ | ☐ | ☐ | ☐ | ☐ | ☐ | ☐ | ☐ |
| R | ☐ | ☐ | ☐ | ☐ | ☐ | ☐ | ☐ | ☐ | ☐ | ☐ |

NAME:

ADDRESS:

PHONE: EMAIL:

| | 2023 | 2024 | 2025 | 2026 | 2027 | 2028 | 2029 | 2030 | 2031 | 2032 |
|---|---|---|---|---|---|---|---|---|---|---|
| S | ☐ | ☐ | ☐ | ☐ | ☐ | ☐ | ☐ | ☐ | ☐ | ☐ |
| R | ☐ | ☐ | ☐ | ☐ | ☐ | ☐ | ☐ | ☐ | ☐ | ☐ |

NAME: ______________________________ G

ADDRESS: ______________________________

______________________________

PHONE: ______________ EMAIL: ______________

| | 2023 | 2024 | 2025 | 2026 | 2027 | 2028 | 2029 | 2030 | 2031 | 2032 |
|---|---|---|---|---|---|---|---|---|---|---|
| S | ☐ | ☐ | ☐ | ☐ | ☐ | ☐ | ☐ | ☐ | ☐ | ☐ |
| R | ☐ | ☐ | ☐ | ☐ | ☐ | ☐ | ☐ | ☐ | ☐ | ☐ |

---

NAME: ______________________________

ADDRESS: ______________________________

______________________________

PHONE: ______________ EMAIL: ______________

| | 2023 | 2024 | 2025 | 2026 | 2027 | 2028 | 2029 | 2030 | 2031 | 2032 |
|---|---|---|---|---|---|---|---|---|---|---|
| S | ☐ | ☐ | ☐ | ☐ | ☐ | ☐ | ☐ | ☐ | ☐ | ☐ |
| R | ☐ | ☐ | ☐ | ☐ | ☐ | ☐ | ☐ | ☐ | ☐ | ☐ |

---

NAME: ______________________________

ADDRESS: ______________________________

______________________________

PHONE: ______________ EMAIL: ______________

| | 2023 | 2024 | 2025 | 2026 | 2027 | 2028 | 2029 | 2030 | 2031 | 2032 |
|---|---|---|---|---|---|---|---|---|---|---|
| S | ☐ | ☐ | ☐ | ☐ | ☐ | ☐ | ☐ | ☐ | ☐ | ☐ |
| R | ☐ | ☐ | ☐ | ☐ | ☐ | ☐ | ☐ | ☐ | ☐ | ☐ |

---

# H

NAME:

ADDRESS:

PHONE: EMAIL:

| | 2023 | 2024 | 2025 | 2026 | 2027 | 2028 | 2029 | 2030 | 2031 | 2032 |
|---|---|---|---|---|---|---|---|---|---|---|
| S | ☐ | ☐ | ☐ | ☐ | ☐ | ☐ | ☐ | ☐ | ☐ | ☐ |
| R | ☐ | ☐ | ☐ | ☐ | ☐ | ☐ | ☐ | ☐ | ☐ | ☐ |

---

NAME:

ADDRESS:

PHONE: EMAIL:

| | 2023 | 2024 | 2025 | 2026 | 2027 | 2028 | 2029 | 2030 | 2031 | 2032 |
|---|---|---|---|---|---|---|---|---|---|---|
| S | ☐ | ☐ | ☐ | ☐ | ☐ | ☐ | ☐ | ☐ | ☐ | ☐ |
| R | ☐ | ☐ | ☐ | ☐ | ☐ | ☐ | ☐ | ☐ | ☐ | ☐ |

---

NAME:

ADDRESS:

PHONE: EMAIL:

| | 2023 | 2024 | 2025 | 2026 | 2027 | 2028 | 2029 | 2030 | 2031 | 2032 |
|---|---|---|---|---|---|---|---|---|---|---|
| S | ☐ | ☐ | ☐ | ☐ | ☐ | ☐ | ☐ | ☐ | ☐ | ☐ |
| R | ☐ | ☐ | ☐ | ☐ | ☐ | ☐ | ☐ | ☐ | ☐ | ☐ |

# H

NAME:

ADDRESS:

PHONE: EMAIL:

| | 2023 | 2024 | 2025 | 2026 | 2027 | 2028 | 2029 | 2030 | 2031 | 2032 |
|---|---|---|---|---|---|---|---|---|---|---|
| S | ☐ | ☐ | ☐ | ☐ | ☐ | ☐ | ☐ | ☐ | ☐ | ☐ |
| R | ☐ | ☐ | ☐ | ☐ | ☐ | ☐ | ☐ | ☐ | ☐ | ☐ |

NAME:

ADDRESS:

PHONE: EMAIL:

| | 2023 | 2024 | 2025 | 2026 | 2027 | 2028 | 2029 | 2030 | 2031 | 2032 |
|---|---|---|---|---|---|---|---|---|---|---|
| S | ☐ | ☐ | ☐ | ☐ | ☐ | ☐ | ☐ | ☐ | ☐ | ☐ |
| R | ☐ | ☐ | ☐ | ☐ | ☐ | ☐ | ☐ | ☐ | ☐ | ☐ |

NAME:

ADDRESS:

PHONE: EMAIL:

| | 2023 | 2024 | 2025 | 2026 | 2027 | 2028 | 2029 | 2030 | 2031 | 2032 |
|---|---|---|---|---|---|---|---|---|---|---|
| S | ☐ | ☐ | ☐ | ☐ | ☐ | ☐ | ☐ | ☐ | ☐ | ☐ |
| R | ☐ | ☐ | ☐ | ☐ | ☐ | ☐ | ☐ | ☐ | ☐ | ☐ |

# H

NAME:

ADDRESS:

PHONE: EMAIL:

| | 2023 | 2024 | 2025 | 2026 | 2027 | 2028 | 2029 | 2030 | 2031 | 2032 |
|---|---|---|---|---|---|---|---|---|---|---|
| S | ☐ | ☐ | ☐ | ☐ | ☐ | ☐ | ☐ | ☐ | ☐ | ☐ |
| R | ☐ | ☐ | ☐ | ☐ | ☐ | ☐ | ☐ | ☐ | ☐ | ☐ |

NAME:

ADDRESS:

PHONE: EMAIL:

| | 2023 | 2024 | 2025 | 2026 | 2027 | 2028 | 2029 | 2030 | 2031 | 2032 |
|---|---|---|---|---|---|---|---|---|---|---|
| S | ☐ | ☐ | ☐ | ☐ | ☐ | ☐ | ☐ | ☐ | ☐ | ☐ |
| R | ☐ | ☐ | ☐ | ☐ | ☐ | ☐ | ☐ | ☐ | ☐ | ☐ |

NAME:

ADDRESS:

PHONE: EMAIL:

| | 2023 | 2024 | 2025 | 2026 | 2027 | 2028 | 2029 | 2030 | 2031 | 2032 |
|---|---|---|---|---|---|---|---|---|---|---|
| S | ☐ | ☐ | ☐ | ☐ | ☐ | ☐ | ☐ | ☐ | ☐ | ☐ |
| R | ☐ | ☐ | ☐ | ☐ | ☐ | ☐ | ☐ | ☐ | ☐ | ☐ |

H

NAME:

ADDRESS:

PHONE: EMAIL:

| | 2023 | 2024 | 2025 | 2026 | 2027 | 2028 | 2029 | 2030 | 2031 | 2032 |
|---|---|---|---|---|---|---|---|---|---|---|
| S | ☐ | ☐ | ☐ | ☐ | ☐ | ☐ | ☐ | ☐ | ☐ | ☐ |
| R | ☐ | ☐ | ☐ | ☐ | ☐ | ☐ | ☐ | ☐ | ☐ | ☐ |

NAME:

ADDRESS:

PHONE: EMAIL:

| | 2023 | 2024 | 2025 | 2026 | 2027 | 2028 | 2029 | 2030 | 2031 | 2032 |
|---|---|---|---|---|---|---|---|---|---|---|
| S | ☐ | ☐ | ☐ | ☐ | ☐ | ☐ | ☐ | ☐ | ☐ | ☐ |
| R | ☐ | ☐ | ☐ | ☐ | ☐ | ☐ | ☐ | ☐ | ☐ | ☐ |

NAME:

ADDRESS:

PHONE: EMAIL:

| | 2023 | 2024 | 2025 | 2026 | 2027 | 2028 | 2029 | 2030 | 2031 | 2032 |
|---|---|---|---|---|---|---|---|---|---|---|
| S | ☐ | ☐ | ☐ | ☐ | ☐ | ☐ | ☐ | ☐ | ☐ | ☐ |
| R | ☐ | ☐ | ☐ | ☐ | ☐ | ☐ | ☐ | ☐ | ☐ | ☐ |

# H

NAME:

ADDRESS:

PHONE: EMAIL:

| | 2023 | 2024 | 2025 | 2026 | 2027 | 2028 | 2029 | 2030 | 2031 | 2032 |
|---|---|---|---|---|---|---|---|---|---|---|
| S | ☐ | ☐ | ☐ | ☐ | ☐ | ☐ | ☐ | ☐ | ☐ | ☐ |
| R | ☐ | ☐ | ☐ | ☐ | ☐ | ☐ | ☐ | ☐ | ☐ | ☐ |

NAME:

ADDRESS:

PHONE: EMAIL:

| | 2023 | 2024 | 2025 | 2026 | 2027 | 2028 | 2029 | 2030 | 2031 | 2032 |
|---|---|---|---|---|---|---|---|---|---|---|
| S | ☐ | ☐ | ☐ | ☐ | ☐ | ☐ | ☐ | ☐ | ☐ | ☐ |
| R | ☐ | ☐ | ☐ | ☐ | ☐ | ☐ | ☐ | ☐ | ☐ | ☐ |

NAME:

ADDRESS:

PHONE: EMAIL:

| | 2023 | 2024 | 2025 | 2026 | 2027 | 2028 | 2029 | 2030 | 2031 | 2032 |
|---|---|---|---|---|---|---|---|---|---|---|
| S | ☐ | ☐ | ☐ | ☐ | ☐ | ☐ | ☐ | ☐ | ☐ | ☐ |
| R | ☐ | ☐ | ☐ | ☐ | ☐ | ☐ | ☐ | ☐ | ☐ | ☐ |

NAME: ____________________ H

ADDRESS: ____________________

____________________

PHONE: ____________________ EMAIL: ____________________

| | 2023 | 2024 | 2025 | 2026 | 2027 | 2028 | 2029 | 2030 | 2031 | 2032 |
|---|---|---|---|---|---|---|---|---|---|---|
| S | ☐ | ☐ | ☐ | ☐ | ☐ | ☐ | ☐ | ☐ | ☐ | ☐ |
| R | ☐ | ☐ | ☐ | ☐ | ☐ | ☐ | ☐ | ☐ | ☐ | ☐ |

---

NAME: ____________________

ADDRESS: ____________________

____________________

PHONE: ____________________ EMAIL: ____________________

| | 2023 | 2024 | 2025 | 2026 | 2027 | 2028 | 2029 | 2030 | 2031 | 2032 |
|---|---|---|---|---|---|---|---|---|---|---|
| S | ☐ | ☐ | ☐ | ☐ | ☐ | ☐ | ☐ | ☐ | ☐ | ☐ |
| R | ☐ | ☐ | ☐ | ☐ | ☐ | ☐ | ☐ | ☐ | ☐ | ☐ |

---

NAME: ____________________

ADDRESS: ____________________

____________________

PHONE: ____________________ EMAIL: ____________________

| | 2023 | 2024 | 2025 | 2026 | 2027 | 2028 | 2029 | 2030 | 2031 | 2032 |
|---|---|---|---|---|---|---|---|---|---|---|
| S | ☐ | ☐ | ☐ | ☐ | ☐ | ☐ | ☐ | ☐ | ☐ | ☐ |
| R | ☐ | ☐ | ☐ | ☐ | ☐ | ☐ | ☐ | ☐ | ☐ | ☐ |

---

# I

NAME:

ADDRESS:

PHONE: EMAIL:

| | 2023 | 2024 | 2025 | 2026 | 2027 | 2028 | 2029 | 2030 | 2031 | 2032 |
|---|---|---|---|---|---|---|---|---|---|---|
| S | ☐ | ☐ | ☐ | ☐ | ☐ | ☐ | ☐ | ☐ | ☐ | ☐ |
| R | ☐ | ☐ | ☐ | ☐ | ☐ | ☐ | ☐ | ☐ | ☐ | ☐ |

---

NAME:

ADDRESS:

PHONE: EMAIL:

| | 2023 | 2024 | 2025 | 2026 | 2027 | 2028 | 2029 | 2030 | 2031 | 2032 |
|---|---|---|---|---|---|---|---|---|---|---|
| S | ☐ | ☐ | ☐ | ☐ | ☐ | ☐ | ☐ | ☐ | ☐ | ☐ |
| R | ☐ | ☐ | ☐ | ☐ | ☐ | ☐ | ☐ | ☐ | ☐ | ☐ |

---

NAME:

ADDRESS:

PHONE: EMAIL:

| | 2023 | 2024 | 2025 | 2026 | 2027 | 2028 | 2029 | 2030 | 2031 | 2032 |
|---|---|---|---|---|---|---|---|---|---|---|
| S | ☐ | ☐ | ☐ | ☐ | ☐ | ☐ | ☐ | ☐ | ☐ | ☐ |
| R | ☐ | ☐ | ☐ | ☐ | ☐ | ☐ | ☐ | ☐ | ☐ | ☐ |

NAME:

ADDRESS:

PHONE: EMAIL:

| | 2023 | 2024 | 2025 | 2026 | 2027 | 2028 | 2029 | 2030 | 2031 | 2032 |
|---|---|---|---|---|---|---|---|---|---|---|
| S | ☐ | ☐ | ☐ | ☐ | ☐ | ☐ | ☐ | ☐ | ☐ | ☐ |
| R | ☐ | ☐ | ☐ | ☐ | ☐ | ☐ | ☐ | ☐ | ☐ | ☐ |

NAME:

ADDRESS:

PHONE: EMAIL:

| | 2023 | 2024 | 2025 | 2026 | 2027 | 2028 | 2029 | 2030 | 2031 | 2032 |
|---|---|---|---|---|---|---|---|---|---|---|
| S | ☐ | ☐ | ☐ | ☐ | ☐ | ☐ | ☐ | ☐ | ☐ | ☐ |
| R | ☐ | ☐ | ☐ | ☐ | ☐ | ☐ | ☐ | ☐ | ☐ | ☐ |

NAME:

ADDRESS:

PHONE: EMAIL:

| | 2023 | 2024 | 2025 | 2026 | 2027 | 2028 | 2029 | 2030 | 2031 | 2032 |
|---|---|---|---|---|---|---|---|---|---|---|
| S | ☐ | ☐ | ☐ | ☐ | ☐ | ☐ | ☐ | ☐ | ☐ | ☐ |
| R | ☐ | ☐ | ☐ | ☐ | ☐ | ☐ | ☐ | ☐ | ☐ | ☐ |

# I

NAME:

ADDRESS:

PHONE: EMAIL:

| | 2023 | 2024 | 2025 | 2026 | 2027 | 2028 | 2029 | 2030 | 2031 | 2032 |
|---|---|---|---|---|---|---|---|---|---|---|
| S | ☐ | ☐ | ☐ | ☐ | ☐ | ☐ | ☐ | ☐ | ☐ | ☐ |
| R | ☐ | ☐ | ☐ | ☐ | ☐ | ☐ | ☐ | ☐ | ☐ | ☐ |

NAME:

ADDRESS:

PHONE: EMAIL:

| | 2023 | 2024 | 2025 | 2026 | 2027 | 2028 | 2029 | 2030 | 2031 | 2032 |
|---|---|---|---|---|---|---|---|---|---|---|
| S | ☐ | ☐ | ☐ | ☐ | ☐ | ☐ | ☐ | ☐ | ☐ | ☐ |
| R | ☐ | ☐ | ☐ | ☐ | ☐ | ☐ | ☐ | ☐ | ☐ | ☐ |

NAME:

ADDRESS:

PHONE: EMAIL:

| | 2023 | 2024 | 2025 | 2026 | 2027 | 2028 | 2029 | 2030 | 2031 | 2032 |
|---|---|---|---|---|---|---|---|---|---|---|
| S | ☐ | ☐ | ☐ | ☐ | ☐ | ☐ | ☐ | ☐ | ☐ | ☐ |
| R | ☐ | ☐ | ☐ | ☐ | ☐ | ☐ | ☐ | ☐ | ☐ | ☐ |

NAME: 

ADDRESS: 

PHONE: EMAIL: 

| | 2023 | 2024 | 2025 | 2026 | 2027 | 2028 | 2029 | 2030 | 2031 | 2032 |
|---|---|---|---|---|---|---|---|---|---|---|
| S | ☐ | ☐ | ☐ | ☐ | ☐ | ☐ | ☐ | ☐ | ☐ | ☐ |
| R | ☐ | ☐ | ☐ | ☐ | ☐ | ☐ | ☐ | ☐ | ☐ | ☐ |

NAME: 

ADDRESS: 

PHONE: EMAIL: 

| | 2023 | 2024 | 2025 | 2026 | 2027 | 2028 | 2029 | 2030 | 2031 | 2032 |
|---|---|---|---|---|---|---|---|---|---|---|
| S | ☐ | ☐ | ☐ | ☐ | ☐ | ☐ | ☐ | ☐ | ☐ | ☐ |
| R | ☐ | ☐ | ☐ | ☐ | ☐ | ☐ | ☐ | ☐ | ☐ | ☐ |

NAME: 

ADDRESS: 

PHONE: EMAIL: 

| | 2023 | 2024 | 2025 | 2026 | 2027 | 2028 | 2029 | 2030 | 2031 | 2032 |
|---|---|---|---|---|---|---|---|---|---|---|
| S | ☐ | ☐ | ☐ | ☐ | ☐ | ☐ | ☐ | ☐ | ☐ | ☐ |
| R | ☐ | ☐ | ☐ | ☐ | ☐ | ☐ | ☐ | ☐ | ☐ | ☐ |

J

NAME:

ADDRESS:

PHONE: EMAIL:

| | 2023 | 2024 | 2025 | 2026 | 2027 | 2028 | 2029 | 2030 | 2031 | 2032 |
|---|---|---|---|---|---|---|---|---|---|---|
| S | ☐ | ☐ | ☐ | ☐ | ☐ | ☐ | ☐ | ☐ | ☐ | ☐ |
| R | ☐ | ☐ | ☐ | ☐ | ☐ | ☐ | ☐ | ☐ | ☐ | ☐ |

NAME:

ADDRESS:

PHONE: EMAIL:

| | 2023 | 2024 | 2025 | 2026 | 2027 | 2028 | 2029 | 2030 | 2031 | 2032 |
|---|---|---|---|---|---|---|---|---|---|---|
| S | ☐ | ☐ | ☐ | ☐ | ☐ | ☐ | ☐ | ☐ | ☐ | ☐ |
| R | ☐ | ☐ | ☐ | ☐ | ☐ | ☐ | ☐ | ☐ | ☐ | ☐ |

NAME:

ADDRESS:

PHONE: EMAIL:

| | 2023 | 2024 | 2025 | 2026 | 2027 | 2028 | 2029 | 2030 | 2031 | 2032 |
|---|---|---|---|---|---|---|---|---|---|---|
| S | ☐ | ☐ | ☐ | ☐ | ☐ | ☐ | ☐ | ☐ | ☐ | ☐ |
| R | ☐ | ☐ | ☐ | ☐ | ☐ | ☐ | ☐ | ☐ | ☐ | ☐ |

J

NAME:

ADDRESS:

PHONE: EMAIL:

| | 2023 | 2024 | 2025 | 2026 | 2027 | 2028 | 2029 | 2030 | 2031 | 2032 |
|---|---|---|---|---|---|---|---|---|---|---|
| S | ☐ | ☐ | ☐ | ☐ | ☐ | ☐ | ☐ | ☐ | ☐ | ☐ |
| R | ☐ | ☐ | ☐ | ☐ | ☐ | ☐ | ☐ | ☐ | ☐ | ☐ |

---

NAME:

ADDRESS:

PHONE: EMAIL:

| | 2023 | 2024 | 2025 | 2026 | 2027 | 2028 | 2029 | 2030 | 2031 | 2032 |
|---|---|---|---|---|---|---|---|---|---|---|
| S | ☐ | ☐ | ☐ | ☐ | ☐ | ☐ | ☐ | ☐ | ☐ | ☐ |
| R | ☐ | ☐ | ☐ | ☐ | ☐ | ☐ | ☐ | ☐ | ☐ | ☐ |

---

NAME:

ADDRESS:

PHONE: EMAIL:

| | 2023 | 2024 | 2025 | 2026 | 2027 | 2028 | 2029 | 2030 | 2031 | 2032 |
|---|---|---|---|---|---|---|---|---|---|---|
| S | ☐ | ☐ | ☐ | ☐ | ☐ | ☐ | ☐ | ☐ | ☐ | ☐ |
| R | ☐ | ☐ | ☐ | ☐ | ☐ | ☐ | ☐ | ☐ | ☐ | ☐ |

## J

NAME:

ADDRESS:

PHONE: EMAIL:

| | 2023 | 2024 | 2025 | 2026 | 2027 | 2028 | 2029 | 2030 | 2031 | 2032 |
|---|---|---|---|---|---|---|---|---|---|---|
| S | ☐ | ☐ | ☐ | ☐ | ☐ | ☐ | ☐ | ☐ | ☐ | ☐ |
| R | ☐ | ☐ | ☐ | ☐ | ☐ | ☐ | ☐ | ☐ | ☐ | ☐ |

NAME:

ADDRESS:

PHONE: EMAIL:

| | 2023 | 2024 | 2025 | 2026 | 2027 | 2028 | 2029 | 2030 | 2031 | 2032 |
|---|---|---|---|---|---|---|---|---|---|---|
| S | ☐ | ☐ | ☐ | ☐ | ☐ | ☐ | ☐ | ☐ | ☐ | ☐ |
| R | ☐ | ☐ | ☐ | ☐ | ☐ | ☐ | ☐ | ☐ | ☐ | ☐ |

NAME:

ADDRESS:

PHONE: EMAIL:

| | 2023 | 2024 | 2025 | 2026 | 2027 | 2028 | 2029 | 2030 | 2031 | 2032 |
|---|---|---|---|---|---|---|---|---|---|---|
| S | ☐ | ☐ | ☐ | ☐ | ☐ | ☐ | ☐ | ☐ | ☐ | ☐ |
| R | ☐ | ☐ | ☐ | ☐ | ☐ | ☐ | ☐ | ☐ | ☐ | ☐ |

J

NAME: ______________________________

ADDRESS: ______________________________

______________________________

PHONE: ______________ EMAIL: ______________

| | 2023 | 2024 | 2025 | 2026 | 2027 | 2028 | 2029 | 2030 | 2031 | 2032 |
|---|---|---|---|---|---|---|---|---|---|---|
| S | ☐ | ☐ | ☐ | ☐ | ☐ | ☐ | ☐ | ☐ | ☐ | ☐ |
| R | ☐ | ☐ | ☐ | ☐ | ☐ | ☐ | ☐ | ☐ | ☐ | ☐ |

---

NAME: ______________________________

ADDRESS: ______________________________

______________________________

PHONE: ______________ EMAIL: ______________

| | 2023 | 2024 | 2025 | 2026 | 2027 | 2028 | 2029 | 2030 | 2031 | 2032 |
|---|---|---|---|---|---|---|---|---|---|---|
| S | ☐ | ☐ | ☐ | ☐ | ☐ | ☐ | ☐ | ☐ | ☐ | ☐ |
| R | ☐ | ☐ | ☐ | ☐ | ☐ | ☐ | ☐ | ☐ | ☐ | ☐ |

---

NAME: ______________________________

ADDRESS: ______________________________

______________________________

PHONE: ______________ EMAIL: ______________

| | 2023 | 2024 | 2025 | 2026 | 2027 | 2028 | 2029 | 2030 | 2031 | 2032 |
|---|---|---|---|---|---|---|---|---|---|---|
| S | ☐ | ☐ | ☐ | ☐ | ☐ | ☐ | ☐ | ☐ | ☐ | ☐ |
| R | ☐ | ☐ | ☐ | ☐ | ☐ | ☐ | ☐ | ☐ | ☐ | ☐ |

# K

NAME:

ADDRESS:

PHONE: EMAIL:

| | 2023 | 2024 | 2025 | 2026 | 2027 | 2028 | 2029 | 2030 | 2031 | 2032 |
|---|---|---|---|---|---|---|---|---|---|---|
| S | ☐ | ☐ | ☐ | ☐ | ☐ | ☐ | ☐ | ☐ | ☐ | ☐ |
| R | ☐ | ☐ | ☐ | ☐ | ☐ | ☐ | ☐ | ☐ | ☐ | ☐ |

NAME:

ADDRESS:

PHONE: EMAIL:

| | 2023 | 2024 | 2025 | 2026 | 2027 | 2028 | 2029 | 2030 | 2031 | 2032 |
|---|---|---|---|---|---|---|---|---|---|---|
| S | ☐ | ☐ | ☐ | ☐ | ☐ | ☐ | ☐ | ☐ | ☐ | ☐ |
| R | ☐ | ☐ | ☐ | ☐ | ☐ | ☐ | ☐ | ☐ | ☐ | ☐ |

NAME:

ADDRESS:

PHONE: EMAIL:

| | 2023 | 2024 | 2025 | 2026 | 2027 | 2028 | 2029 | 2030 | 2031 | 2032 |
|---|---|---|---|---|---|---|---|---|---|---|
| S | ☐ | ☐ | ☐ | ☐ | ☐ | ☐ | ☐ | ☐ | ☐ | ☐ |
| R | ☐ | ☐ | ☐ | ☐ | ☐ | ☐ | ☐ | ☐ | ☐ | ☐ |

K

NAME:

ADDRESS:

PHONE: EMAIL:

| | 2023 | 2024 | 2025 | 2026 | 2027 | 2028 | 2029 | 2030 | 2031 | 2032 |
|---|---|---|---|---|---|---|---|---|---|---|
| S | ☐ | ☐ | ☐ | ☐ | ☐ | ☐ | ☐ | ☐ | ☐ | ☐ |
| R | ☐ | ☐ | ☐ | ☐ | ☐ | ☐ | ☐ | ☐ | ☐ | ☐ |

NAME:

ADDRESS:

PHONE: EMAIL:

| | 2023 | 2024 | 2025 | 2026 | 2027 | 2028 | 2029 | 2030 | 2031 | 2032 |
|---|---|---|---|---|---|---|---|---|---|---|
| S | ☐ | ☐ | ☐ | ☐ | ☐ | ☐ | ☐ | ☐ | ☐ | ☐ |
| R | ☐ | ☐ | ☐ | ☐ | ☐ | ☐ | ☐ | ☐ | ☐ | ☐ |

NAME:

ADDRESS:

PHONE: EMAIL:

| | 2023 | 2024 | 2025 | 2026 | 2027 | 2028 | 2029 | 2030 | 2031 | 2032 |
|---|---|---|---|---|---|---|---|---|---|---|
| S | ☐ | ☐ | ☐ | ☐ | ☐ | ☐ | ☐ | ☐ | ☐ | ☐ |
| R | ☐ | ☐ | ☐ | ☐ | ☐ | ☐ | ☐ | ☐ | ☐ | ☐ |

# K

NAME:

ADDRESS:

PHONE: EMAIL:

| | 2023 | 2024 | 2025 | 2026 | 2027 | 2028 | 2029 | 2030 | 2031 | 2032 |
|---|---|---|---|---|---|---|---|---|---|---|
| S | ☐ | ☐ | ☐ | ☐ | ☐ | ☐ | ☐ | ☐ | ☐ | ☐ |
| R | ☐ | ☐ | ☐ | ☐ | ☐ | ☐ | ☐ | ☐ | ☐ | ☐ |

NAME:

ADDRESS:

PHONE: EMAIL:

| | 2023 | 2024 | 2025 | 2026 | 2027 | 2028 | 2029 | 2030 | 2031 | 2032 |
|---|---|---|---|---|---|---|---|---|---|---|
| S | ☐ | ☐ | ☐ | ☐ | ☐ | ☐ | ☐ | ☐ | ☐ | ☐ |
| R | ☐ | ☐ | ☐ | ☐ | ☐ | ☐ | ☐ | ☐ | ☐ | ☐ |

NAME:

ADDRESS:

PHONE: EMAIL:

| | 2023 | 2024 | 2025 | 2026 | 2027 | 2028 | 2029 | 2030 | 2031 | 2032 |
|---|---|---|---|---|---|---|---|---|---|---|
| S | ☐ | ☐ | ☐ | ☐ | ☐ | ☐ | ☐ | ☐ | ☐ | ☐ |
| R | ☐ | ☐ | ☐ | ☐ | ☐ | ☐ | ☐ | ☐ | ☐ | ☐ |

K

NAME:
ADDRESS:

PHONE: EMAIL:

| | 2023 | 2024 | 2025 | 2026 | 2027 | 2028 | 2029 | 2030 | 2031 | 2032 |
|---|---|---|---|---|---|---|---|---|---|---|
| S | ☐ | ☐ | ☐ | ☐ | ☐ | ☐ | ☐ | ☐ | ☐ | ☐ |
| R | ☐ | ☐ | ☐ | ☐ | ☐ | ☐ | ☐ | ☐ | ☐ | ☐ |

NAME:
ADDRESS:

PHONE: EMAIL:

| | 2023 | 2024 | 2025 | 2026 | 2027 | 2028 | 2029 | 2030 | 2031 | 2032 |
|---|---|---|---|---|---|---|---|---|---|---|
| S | ☐ | ☐ | ☐ | ☐ | ☐ | ☐ | ☐ | ☐ | ☐ | ☐ |
| R | ☐ | ☐ | ☐ | ☐ | ☐ | ☐ | ☐ | ☐ | ☐ | ☐ |

NAME:
ADDRESS:

PHONE: EMAIL:

| | 2023 | 2024 | 2025 | 2026 | 2027 | 2028 | 2029 | 2030 | 2031 | 2032 |
|---|---|---|---|---|---|---|---|---|---|---|
| S | ☐ | ☐ | ☐ | ☐ | ☐ | ☐ | ☐ | ☐ | ☐ | ☐ |
| R | ☐ | ☐ | ☐ | ☐ | ☐ | ☐ | ☐ | ☐ | ☐ | ☐ |

# L

NAME:

ADDRESS:

PHONE: EMAIL:

| | 2023 | 2024 | 2025 | 2026 | 2027 | 2028 | 2029 | 2030 | 2031 | 2032 |
|---|---|---|---|---|---|---|---|---|---|---|
| S | ☐ | ☐ | ☐ | ☐ | ☐ | ☐ | ☐ | ☐ | ☐ | ☐ |
| R | ☐ | ☐ | ☐ | ☐ | ☐ | ☐ | ☐ | ☐ | ☐ | ☐ |

NAME:

ADDRESS:

PHONE: EMAIL:

| | 2023 | 2024 | 2025 | 2026 | 2027 | 2028 | 2029 | 2030 | 2031 | 2032 |
|---|---|---|---|---|---|---|---|---|---|---|
| S | ☐ | ☐ | ☐ | ☐ | ☐ | ☐ | ☐ | ☐ | ☐ | ☐ |
| R | ☐ | ☐ | ☐ | ☐ | ☐ | ☐ | ☐ | ☐ | ☐ | ☐ |

NAME:

ADDRESS:

PHONE: EMAIL:

| | 2023 | 2024 | 2025 | 2026 | 2027 | 2028 | 2029 | 2030 | 2031 | 2032 |
|---|---|---|---|---|---|---|---|---|---|---|
| S | ☐ | ☐ | ☐ | ☐ | ☐ | ☐ | ☐ | ☐ | ☐ | ☐ |
| R | ☐ | ☐ | ☐ | ☐ | ☐ | ☐ | ☐ | ☐ | ☐ | ☐ |

NAME: ______________________ **L**

ADDRESS: ______________________

______________________

PHONE: ______________ EMAIL: ______________

| | 2023 | 2024 | 2025 | 2026 | 2027 | 2028 | 2029 | 2030 | 2031 | 2032 |
|---|---|---|---|---|---|---|---|---|---|---|
| S | ☐ | ☐ | ☐ | ☐ | ☐ | ☐ | ☐ | ☐ | ☐ | ☐ |
| R | ☐ | ☐ | ☐ | ☐ | ☐ | ☐ | ☐ | ☐ | ☐ | ☐ |

---

NAME: ______________________

ADDRESS: ______________________

______________________

PHONE: ______________ EMAIL: ______________

| | 2023 | 2024 | 2025 | 2026 | 2027 | 2028 | 2029 | 2030 | 2031 | 2032 |
|---|---|---|---|---|---|---|---|---|---|---|
| S | ☐ | ☐ | ☐ | ☐ | ☐ | ☐ | ☐ | ☐ | ☐ | ☐ |
| R | ☐ | ☐ | ☐ | ☐ | ☐ | ☐ | ☐ | ☐ | ☐ | ☐ |

---

NAME: ______________________

ADDRESS: ______________________

______________________

PHONE: ______________ EMAIL: ______________

| | 2023 | 2024 | 2025 | 2026 | 2027 | 2028 | 2029 | 2030 | 2031 | 2032 |
|---|---|---|---|---|---|---|---|---|---|---|
| S | ☐ | ☐ | ☐ | ☐ | ☐ | ☐ | ☐ | ☐ | ☐ | ☐ |
| R | ☐ | ☐ | ☐ | ☐ | ☐ | ☐ | ☐ | ☐ | ☐ | ☐ |

L

NAME:

ADDRESS:

PHONE: EMAIL:

| | 2023 | 2024 | 2025 | 2026 | 2027 | 2028 | 2029 | 2030 | 2031 | 2032 |
|---|---|---|---|---|---|---|---|---|---|---|
| S | ☐ | ☐ | ☐ | ☐ | ☐ | ☐ | ☐ | ☐ | ☐ | ☐ |
| R | ☐ | ☐ | ☐ | ☐ | ☐ | ☐ | ☐ | ☐ | ☐ | ☐ |

NAME:

ADDRESS:

PHONE: EMAIL:

| | 2023 | 2024 | 2025 | 2026 | 2027 | 2028 | 2029 | 2030 | 2031 | 2032 |
|---|---|---|---|---|---|---|---|---|---|---|
| S | ☐ | ☐ | ☐ | ☐ | ☐ | ☐ | ☐ | ☐ | ☐ | ☐ |
| R | ☐ | ☐ | ☐ | ☐ | ☐ | ☐ | ☐ | ☐ | ☐ | ☐ |

NAME:

ADDRESS:

PHONE: EMAIL:

| | 2023 | 2024 | 2025 | 2026 | 2027 | 2028 | 2029 | 2030 | 2031 | 2032 |
|---|---|---|---|---|---|---|---|---|---|---|
| S | ☐ | ☐ | ☐ | ☐ | ☐ | ☐ | ☐ | ☐ | ☐ | ☐ |
| R | ☐ | ☐ | ☐ | ☐ | ☐ | ☐ | ☐ | ☐ | ☐ | ☐ |

L

NAME:

ADDRESS:

PHONE: EMAIL:

| | 2023 | 2024 | 2025 | 2026 | 2027 | 2028 | 2029 | 2030 | 2031 | 2032 |
|---|---|---|---|---|---|---|---|---|---|---|
| S | ☐ | ☐ | ☐ | ☐ | ☐ | ☐ | ☐ | ☐ | ☐ | ☐ |
| R | ☐ | ☐ | ☐ | ☐ | ☐ | ☐ | ☐ | ☐ | ☐ | ☐ |

NAME:

ADDRESS:

PHONE: EMAIL:

| | 2023 | 2024 | 2025 | 2026 | 2027 | 2028 | 2029 | 2030 | 2031 | 2032 |
|---|---|---|---|---|---|---|---|---|---|---|
| S | ☐ | ☐ | ☐ | ☐ | ☐ | ☐ | ☐ | ☐ | ☐ | ☐ |
| R | ☐ | ☐ | ☐ | ☐ | ☐ | ☐ | ☐ | ☐ | ☐ | ☐ |

NAME:

ADDRESS:

PHONE: EMAIL:

| | 2023 | 2024 | 2025 | 2026 | 2027 | 2028 | 2029 | 2030 | 2031 | 2032 |
|---|---|---|---|---|---|---|---|---|---|---|
| S | ☐ | ☐ | ☐ | ☐ | ☐ | ☐ | ☐ | ☐ | ☐ | ☐ |
| R | ☐ | ☐ | ☐ | ☐ | ☐ | ☐ | ☐ | ☐ | ☐ | ☐ |

# M

NAME: ______________________________

ADDRESS: ______________________________

______________________________

PHONE: ______________ EMAIL: ______________

| | 2023 | 2024 | 2025 | 2026 | 2027 | 2028 | 2029 | 2030 | 2031 | 2032 |
|---|---|---|---|---|---|---|---|---|---|---|
| S | ☐ | ☐ | ☐ | ☐ | ☐ | ☐ | ☐ | ☐ | ☐ | ☐ |
| R | ☐ | ☐ | ☐ | ☐ | ☐ | ☐ | ☐ | ☐ | ☐ | ☐ |

NAME: ______________________________

ADDRESS: ______________________________

______________________________

PHONE: ______________ EMAIL: ______________

| | 2023 | 2024 | 2025 | 2026 | 2027 | 2028 | 2029 | 2030 | 2031 | 2032 |
|---|---|---|---|---|---|---|---|---|---|---|
| S | ☐ | ☐ | ☐ | ☐ | ☐ | ☐ | ☐ | ☐ | ☐ | ☐ |
| R | ☐ | ☐ | ☐ | ☐ | ☐ | ☐ | ☐ | ☐ | ☐ | ☐ |

NAME: ______________________________

ADDRESS: ______________________________

______________________________

PHONE: ______________ EMAIL: ______________

| | 2023 | 2024 | 2025 | 2026 | 2027 | 2028 | 2029 | 2030 | 2031 | 2032 |
|---|---|---|---|---|---|---|---|---|---|---|
| S | ☐ | ☐ | ☐ | ☐ | ☐ | ☐ | ☐ | ☐ | ☐ | ☐ |
| R | ☐ | ☐ | ☐ | ☐ | ☐ | ☐ | ☐ | ☐ | ☐ | ☐ |

M

NAME:

ADDRESS:

PHONE: EMAIL:

| | 2023 | 2024 | 2025 | 2026 | 2027 | 2028 | 2029 | 2030 | 2031 | 2032 |
|---|---|---|---|---|---|---|---|---|---|---|
| S | ☐ | ☐ | ☐ | ☐ | ☐ | ☐ | ☐ | ☐ | ☐ | ☐ |
| R | ☐ | ☐ | ☐ | ☐ | ☐ | ☐ | ☐ | ☐ | ☐ | ☐ |

NAME:

ADDRESS:

PHONE: EMAIL:

| | 2023 | 2024 | 2025 | 2026 | 2027 | 2028 | 2029 | 2030 | 2031 | 2032 |
|---|---|---|---|---|---|---|---|---|---|---|
| S | ☐ | ☐ | ☐ | ☐ | ☐ | ☐ | ☐ | ☐ | ☐ | ☐ |
| R | ☐ | ☐ | ☐ | ☐ | ☐ | ☐ | ☐ | ☐ | ☐ | ☐ |

NAME:

ADDRESS:

PHONE: EMAIL:

| | 2023 | 2024 | 2025 | 2026 | 2027 | 2028 | 2029 | 2030 | 2031 | 2032 |
|---|---|---|---|---|---|---|---|---|---|---|
| S | ☐ | ☐ | ☐ | ☐ | ☐ | ☐ | ☐ | ☐ | ☐ | ☐ |
| R | ☐ | ☐ | ☐ | ☐ | ☐ | ☐ | ☐ | ☐ | ☐ | ☐ |

# M

NAME:

ADDRESS:

PHONE: EMAIL:

| | 2023 | 2024 | 2025 | 2026 | 2027 | 2028 | 2029 | 2030 | 2031 | 2032 |
|---|---|---|---|---|---|---|---|---|---|---|
| S | ☐ | ☐ | ☐ | ☐ | ☐ | ☐ | ☐ | ☐ | ☐ | ☐ |
| R | ☐ | ☐ | ☐ | ☐ | ☐ | ☐ | ☐ | ☐ | ☐ | ☐ |

NAME:

ADDRESS:

PHONE: EMAIL:

| | 2023 | 2024 | 2025 | 2026 | 2027 | 2028 | 2029 | 2030 | 2031 | 2032 |
|---|---|---|---|---|---|---|---|---|---|---|
| S | ☐ | ☐ | ☐ | ☐ | ☐ | ☐ | ☐ | ☐ | ☐ | ☐ |
| R | ☐ | ☐ | ☐ | ☐ | ☐ | ☐ | ☐ | ☐ | ☐ | ☐ |

NAME:

ADDRESS:

PHONE: EMAIL:

| | 2023 | 2024 | 2025 | 2026 | 2027 | 2028 | 2029 | 2030 | 2031 | 2032 |
|---|---|---|---|---|---|---|---|---|---|---|
| S | ☐ | ☐ | ☐ | ☐ | ☐ | ☐ | ☐ | ☐ | ☐ | ☐ |
| R | ☐ | ☐ | ☐ | ☐ | ☐ | ☐ | ☐ | ☐ | ☐ | ☐ |

M

NAME:

ADDRESS:

PHONE: EMAIL:

| | 2023 | 2024 | 2025 | 2026 | 2027 | 2028 | 2029 | 2030 | 2031 | 2032 |
|---|---|---|---|---|---|---|---|---|---|---|
| S | ☐ | ☐ | ☐ | ☐ | ☐ | ☐ | ☐ | ☐ | ☐ | ☐ |
| R | ☐ | ☐ | ☐ | ☐ | ☐ | ☐ | ☐ | ☐ | ☐ | ☐ |

NAME:

ADDRESS:

PHONE: EMAIL:

| | 2023 | 2024 | 2025 | 2026 | 2027 | 2028 | 2029 | 2030 | 2031 | 2032 |
|---|---|---|---|---|---|---|---|---|---|---|
| S | ☐ | ☐ | ☐ | ☐ | ☐ | ☐ | ☐ | ☐ | ☐ | ☐ |
| R | ☐ | ☐ | ☐ | ☐ | ☐ | ☐ | ☐ | ☐ | ☐ | ☐ |

NAME:

ADDRESS:

PHONE: EMAIL:

| | 2023 | 2024 | 2025 | 2026 | 2027 | 2028 | 2029 | 2030 | 2031 | 2032 |
|---|---|---|---|---|---|---|---|---|---|---|
| S | ☐ | ☐ | ☐ | ☐ | ☐ | ☐ | ☐ | ☐ | ☐ | ☐ |
| R | ☐ | ☐ | ☐ | ☐ | ☐ | ☐ | ☐ | ☐ | ☐ | ☐ |

# M

NAME:

ADDRESS:

PHONE: EMAIL:

| | 2023 | 2024 | 2025 | 2026 | 2027 | 2028 | 2029 | 2030 | 2031 | 2032 |
|---|---|---|---|---|---|---|---|---|---|---|
| S | ☐ | ☐ | ☐ | ☐ | ☐ | ☐ | ☐ | ☐ | ☐ | ☐ |
| R | ☐ | ☐ | ☐ | ☐ | ☐ | ☐ | ☐ | ☐ | ☐ | ☐ |

---

NAME:

ADDRESS:

PHONE: EMAIL:

| | 2023 | 2024 | 2025 | 2026 | 2027 | 2028 | 2029 | 2030 | 2031 | 2032 |
|---|---|---|---|---|---|---|---|---|---|---|
| S | ☐ | ☐ | ☐ | ☐ | ☐ | ☐ | ☐ | ☐ | ☐ | ☐ |
| R | ☐ | ☐ | ☐ | ☐ | ☐ | ☐ | ☐ | ☐ | ☐ | ☐ |

---

NAME:

ADDRESS:

PHONE: EMAIL:

| | 2023 | 2024 | 2025 | 2026 | 2027 | 2028 | 2029 | 2030 | 2031 | 2032 |
|---|---|---|---|---|---|---|---|---|---|---|
| S | ☐ | ☐ | ☐ | ☐ | ☐ | ☐ | ☐ | ☐ | ☐ | ☐ |
| R | ☐ | ☐ | ☐ | ☐ | ☐ | ☐ | ☐ | ☐ | ☐ | ☐ |

---

M

NAME:

ADDRESS:

PHONE: EMAIL:

| | 2023 | 2024 | 2025 | 2026 | 2027 | 2028 | 2029 | 2030 | 2031 | 2032 |
|---|---|---|---|---|---|---|---|---|---|---|
| S | ☐ | ☐ | ☐ | ☐ | ☐ | ☐ | ☐ | ☐ | ☐ | ☐ |
| R | ☐ | ☐ | ☐ | ☐ | ☐ | ☐ | ☐ | ☐ | ☐ | ☐ |

NAME:

ADDRESS:

PHONE: EMAIL:

| | 2023 | 2024 | 2025 | 2026 | 2027 | 2028 | 2029 | 2030 | 2031 | 2032 |
|---|---|---|---|---|---|---|---|---|---|---|
| S | ☐ | ☐ | ☐ | ☐ | ☐ | ☐ | ☐ | ☐ | ☐ | ☐ |
| R | ☐ | ☐ | ☐ | ☐ | ☐ | ☐ | ☐ | ☐ | ☐ | ☐ |

NAME:

ADDRESS:

PHONE: EMAIL:

| | 2023 | 2024 | 2025 | 2026 | 2027 | 2028 | 2029 | 2030 | 2031 | 2032 |
|---|---|---|---|---|---|---|---|---|---|---|
| S | ☐ | ☐ | ☐ | ☐ | ☐ | ☐ | ☐ | ☐ | ☐ | ☐ |
| R | ☐ | ☐ | ☐ | ☐ | ☐ | ☐ | ☐ | ☐ | ☐ | ☐ |

# N

NAME: ______________________

ADDRESS: ______________________

______________________

PHONE: ______________ EMAIL: ______________

| | 2023 | 2024 | 2025 | 2026 | 2027 | 2028 | 2029 | 2030 | 2031 | 2032 |
|---|---|---|---|---|---|---|---|---|---|---|
| S | ☐ | ☐ | ☐ | ☐ | ☐ | ☐ | ☐ | ☐ | ☐ | ☐ |
| R | ☐ | ☐ | ☐ | ☐ | ☐ | ☐ | ☐ | ☐ | ☐ | ☐ |

NAME: ______________________

ADDRESS: ______________________

______________________

PHONE: ______________ EMAIL: ______________

| | 2023 | 2024 | 2025 | 2026 | 2027 | 2028 | 2029 | 2030 | 2031 | 2032 |
|---|---|---|---|---|---|---|---|---|---|---|
| S | ☐ | ☐ | ☐ | ☐ | ☐ | ☐ | ☐ | ☐ | ☐ | ☐ |
| R | ☐ | ☐ | ☐ | ☐ | ☐ | ☐ | ☐ | ☐ | ☐ | ☐ |

NAME: ______________________

ADDRESS: ______________________

______________________

PHONE: ______________ EMAIL: ______________

| | 2023 | 2024 | 2025 | 2026 | 2027 | 2028 | 2029 | 2030 | 2031 | 2032 |
|---|---|---|---|---|---|---|---|---|---|---|
| S | ☐ | ☐ | ☐ | ☐ | ☐ | ☐ | ☐ | ☐ | ☐ | ☐ |
| R | ☐ | ☐ | ☐ | ☐ | ☐ | ☐ | ☐ | ☐ | ☐ | ☐ |

N

NAME:

ADDRESS:

PHONE: EMAIL:

| | 2023 | 2024 | 2025 | 2026 | 2027 | 2028 | 2029 | 2030 | 2031 | 2032 |
|---|---|---|---|---|---|---|---|---|---|---|
| S | ☐ | ☐ | ☐ | ☐ | ☐ | ☐ | ☐ | ☐ | ☐ | ☐ |
| R | ☐ | ☐ | ☐ | ☐ | ☐ | ☐ | ☐ | ☐ | ☐ | ☐ |

NAME:

ADDRESS:

PHONE: EMAIL:

| | 2023 | 2024 | 2025 | 2026 | 2027 | 2028 | 2029 | 2030 | 2031 | 2032 |
|---|---|---|---|---|---|---|---|---|---|---|
| S | ☐ | ☐ | ☐ | ☐ | ☐ | ☐ | ☐ | ☐ | ☐ | ☐ |
| R | ☐ | ☐ | ☐ | ☐ | ☐ | ☐ | ☐ | ☐ | ☐ | ☐ |

NAME:

ADDRESS:

PHONE: EMAIL:

| | 2023 | 2024 | 2025 | 2026 | 2027 | 2028 | 2029 | 2030 | 2031 | 2032 |
|---|---|---|---|---|---|---|---|---|---|---|
| S | ☐ | ☐ | ☐ | ☐ | ☐ | ☐ | ☐ | ☐ | ☐ | ☐ |
| R | ☐ | ☐ | ☐ | ☐ | ☐ | ☐ | ☐ | ☐ | ☐ | ☐ |

N

NAME:

ADDRESS:

PHONE: EMAIL:

| | 2023 | 2024 | 2025 | 2026 | 2027 | 2028 | 2029 | 2030 | 2031 | 2032 |
|---|---|---|---|---|---|---|---|---|---|---|
| S | ☐ | ☐ | ☐ | ☐ | ☐ | ☐ | ☐ | ☐ | ☐ | ☐ |
| R | ☐ | ☐ | ☐ | ☐ | ☐ | ☐ | ☐ | ☐ | ☐ | ☐ |

NAME:

ADDRESS:

PHONE: EMAIL:

| | 2023 | 2024 | 2025 | 2026 | 2027 | 2028 | 2029 | 2030 | 2031 | 2032 |
|---|---|---|---|---|---|---|---|---|---|---|
| S | ☐ | ☐ | ☐ | ☐ | ☐ | ☐ | ☐ | ☐ | ☐ | ☐ |
| R | ☐ | ☐ | ☐ | ☐ | ☐ | ☐ | ☐ | ☐ | ☐ | ☐ |

NAME:

ADDRESS:

PHONE: EMAIL:

| | 2023 | 2024 | 2025 | 2026 | 2027 | 2028 | 2029 | 2030 | 2031 | 2032 |
|---|---|---|---|---|---|---|---|---|---|---|
| S | ☐ | ☐ | ☐ | ☐ | ☐ | ☐ | ☐ | ☐ | ☐ | ☐ |
| R | ☐ | ☐ | ☐ | ☐ | ☐ | ☐ | ☐ | ☐ | ☐ | ☐ |

**N**

NAME:
ADDRESS:

PHONE: EMAIL:

| | 2023 | 2024 | 2025 | 2026 | 2027 | 2028 | 2029 | 2030 | 2031 | 2032 |
|---|---|---|---|---|---|---|---|---|---|---|
| S | ☐ | ☐ | ☐ | ☐ | ☐ | ☐ | ☐ | ☐ | ☐ | ☐ |
| R | ☐ | ☐ | ☐ | ☐ | ☐ | ☐ | ☐ | ☐ | ☐ | ☐ |

---

NAME:
ADDRESS:

PHONE: EMAIL:

| | 2023 | 2024 | 2025 | 2026 | 2027 | 2028 | 2029 | 2030 | 2031 | 2032 |
|---|---|---|---|---|---|---|---|---|---|---|
| S | ☐ | ☐ | ☐ | ☐ | ☐ | ☐ | ☐ | ☐ | ☐ | ☐ |
| R | ☐ | ☐ | ☐ | ☐ | ☐ | ☐ | ☐ | ☐ | ☐ | ☐ |

---

NAME:
ADDRESS:

PHONE: EMAIL:

| | 2023 | 2024 | 2025 | 2026 | 2027 | 2028 | 2029 | 2030 | 2031 | 2032 |
|---|---|---|---|---|---|---|---|---|---|---|
| S | ☐ | ☐ | ☐ | ☐ | ☐ | ☐ | ☐ | ☐ | ☐ | ☐ |
| R | ☐ | ☐ | ☐ | ☐ | ☐ | ☐ | ☐ | ☐ | ☐ | ☐ |

# O

NAME:

ADDRESS:

PHONE: EMAIL:

| | 2023 | 2024 | 2025 | 2026 | 2027 | 2028 | 2029 | 2030 | 2031 | 2032 |
|---|---|---|---|---|---|---|---|---|---|---|
| S | ☐ | ☐ | ☐ | ☐ | ☐ | ☐ | ☐ | ☐ | ☐ | ☐ |
| R | ☐ | ☐ | ☐ | ☐ | ☐ | ☐ | ☐ | ☐ | ☐ | ☐ |

NAME:

ADDRESS:

PHONE: EMAIL:

| | 2023 | 2024 | 2025 | 2026 | 2027 | 2028 | 2029 | 2030 | 2031 | 2032 |
|---|---|---|---|---|---|---|---|---|---|---|
| S | ☐ | ☐ | ☐ | ☐ | ☐ | ☐ | ☐ | ☐ | ☐ | ☐ |
| R | ☐ | ☐ | ☐ | ☐ | ☐ | ☐ | ☐ | ☐ | ☐ | ☐ |

NAME:

ADDRESS:

PHONE: EMAIL:

| | 2023 | 2024 | 2025 | 2026 | 2027 | 2028 | 2029 | 2030 | 2031 | 2032 |
|---|---|---|---|---|---|---|---|---|---|---|
| S | ☐ | ☐ | ☐ | ☐ | ☐ | ☐ | ☐ | ☐ | ☐ | ☐ |
| R | ☐ | ☐ | ☐ | ☐ | ☐ | ☐ | ☐ | ☐ | ☐ | ☐ |

O

NAME:

ADDRESS:

PHONE: EMAIL:

| | 2023 | 2024 | 2025 | 2026 | 2027 | 2028 | 2029 | 2030 | 2031 | 2032 |
|---|---|---|---|---|---|---|---|---|---|---|
| S | ☐ | ☐ | ☐ | ☐ | ☐ | ☐ | ☐ | ☐ | ☐ | ☐ |
| R | ☐ | ☐ | ☐ | ☐ | ☐ | ☐ | ☐ | ☐ | ☐ | ☐ |

---

NAME:

ADDRESS:

PHONE: EMAIL:

| | 2023 | 2024 | 2025 | 2026 | 2027 | 2028 | 2029 | 2030 | 2031 | 2032 |
|---|---|---|---|---|---|---|---|---|---|---|
| S | ☐ | ☐ | ☐ | ☐ | ☐ | ☐ | ☐ | ☐ | ☐ | ☐ |
| R | ☐ | ☐ | ☐ | ☐ | ☐ | ☐ | ☐ | ☐ | ☐ | ☐ |

---

NAME:

ADDRESS:

PHONE: EMAIL:

| | 2023 | 2024 | 2025 | 2026 | 2027 | 2028 | 2029 | 2030 | 2031 | 2032 |
|---|---|---|---|---|---|---|---|---|---|---|
| S | ☐ | ☐ | ☐ | ☐ | ☐ | ☐ | ☐ | ☐ | ☐ | ☐ |
| R | ☐ | ☐ | ☐ | ☐ | ☐ | ☐ | ☐ | ☐ | ☐ | ☐ |

# O

NAME: ______________________

ADDRESS: ______________________

______________________

PHONE: ______________ EMAIL: ______________

| | 2023 | 2024 | 2025 | 2026 | 2027 | 2028 | 2029 | 2030 | 2031 | 2032 |
|---|---|---|---|---|---|---|---|---|---|---|
| S | ☐ | ☐ | ☐ | ☐ | ☐ | ☐ | ☐ | ☐ | ☐ | ☐ |
| R | ☐ | ☐ | ☐ | ☐ | ☐ | ☐ | ☐ | ☐ | ☐ | ☐ |

NAME: ______________________

ADDRESS: ______________________

______________________

PHONE: ______________ EMAIL: ______________

| | 2023 | 2024 | 2025 | 2026 | 2027 | 2028 | 2029 | 2030 | 2031 | 2032 |
|---|---|---|---|---|---|---|---|---|---|---|
| S | ☐ | ☐ | ☐ | ☐ | ☐ | ☐ | ☐ | ☐ | ☐ | ☐ |
| R | ☐ | ☐ | ☐ | ☐ | ☐ | ☐ | ☐ | ☐ | ☐ | ☐ |

NAME: ______________________

ADDRESS: ______________________

______________________

PHONE: ______________ EMAIL: ______________

| | 2023 | 2024 | 2025 | 2026 | 2027 | 2028 | 2029 | 2030 | 2031 | 2032 |
|---|---|---|---|---|---|---|---|---|---|---|
| S | ☐ | ☐ | ☐ | ☐ | ☐ | ☐ | ☐ | ☐ | ☐ | ☐ |
| R | ☐ | ☐ | ☐ | ☐ | ☐ | ☐ | ☐ | ☐ | ☐ | ☐ |

O

NAME:

ADDRESS:

PHONE: EMAIL:

| | 2023 | 2024 | 2025 | 2026 | 2027 | 2028 | 2029 | 2030 | 2031 | 2032 |
|---|---|---|---|---|---|---|---|---|---|---|
| S | ☐ | ☐ | ☐ | ☐ | ☐ | ☐ | ☐ | ☐ | ☐ | ☐ |
| R | ☐ | ☐ | ☐ | ☐ | ☐ | ☐ | ☐ | ☐ | ☐ | ☐ |

NAME:

ADDRESS:

PHONE: EMAIL:

| | 2023 | 2024 | 2025 | 2026 | 2027 | 2028 | 2029 | 2030 | 2031 | 2032 |
|---|---|---|---|---|---|---|---|---|---|---|
| S | ☐ | ☐ | ☐ | ☐ | ☐ | ☐ | ☐ | ☐ | ☐ | ☐ |
| R | ☐ | ☐ | ☐ | ☐ | ☐ | ☐ | ☐ | ☐ | ☐ | ☐ |

NAME:

ADDRESS:

PHONE: EMAIL:

| | 2023 | 2024 | 2025 | 2026 | 2027 | 2028 | 2029 | 2030 | 2031 | 2032 |
|---|---|---|---|---|---|---|---|---|---|---|
| S | ☐ | ☐ | ☐ | ☐ | ☐ | ☐ | ☐ | ☐ | ☐ | ☐ |
| R | ☐ | ☐ | ☐ | ☐ | ☐ | ☐ | ☐ | ☐ | ☐ | ☐ |

# P

NAME:

ADDRESS:

PHONE: EMAIL:

| | 2023 | 2024 | 2025 | 2026 | 2027 | 2028 | 2029 | 2030 | 2031 | 2032 |
|---|---|---|---|---|---|---|---|---|---|---|
| S | ☐ | ☐ | ☐ | ☐ | ☐ | ☐ | ☐ | ☐ | ☐ | ☐ |
| R | ☐ | ☐ | ☐ | ☐ | ☐ | ☐ | ☐ | ☐ | ☐ | ☐ |

---

NAME:

ADDRESS:

PHONE: EMAIL:

| | 2023 | 2024 | 2025 | 2026 | 2027 | 2028 | 2029 | 2030 | 2031 | 2032 |
|---|---|---|---|---|---|---|---|---|---|---|
| S | ☐ | ☐ | ☐ | ☐ | ☐ | ☐ | ☐ | ☐ | ☐ | ☐ |
| R | ☐ | ☐ | ☐ | ☐ | ☐ | ☐ | ☐ | ☐ | ☐ | ☐ |

---

NAME:

ADDRESS:

PHONE: EMAIL:

| | 2023 | 2024 | 2025 | 2026 | 2027 | 2028 | 2029 | 2030 | 2031 | 2032 |
|---|---|---|---|---|---|---|---|---|---|---|
| S | ☐ | ☐ | ☐ | ☐ | ☐ | ☐ | ☐ | ☐ | ☐ | ☐ |
| R | ☐ | ☐ | ☐ | ☐ | ☐ | ☐ | ☐ | ☐ | ☐ | ☐ |

# P

NAME:

ADDRESS:

PHONE: EMAIL:

| | 2023 | 2024 | 2025 | 2026 | 2027 | 2028 | 2029 | 2030 | 2031 | 2032 |
|---|---|---|---|---|---|---|---|---|---|---|
| S | ☐ | ☐ | ☐ | ☐ | ☐ | ☐ | ☐ | ☐ | ☐ | ☐ |
| R | ☐ | ☐ | ☐ | ☐ | ☐ | ☐ | ☐ | ☐ | ☐ | ☐ |

NAME:

ADDRESS:

PHONE: EMAIL:

| | 2023 | 2024 | 2025 | 2026 | 2027 | 2028 | 2029 | 2030 | 2031 | 2032 |
|---|---|---|---|---|---|---|---|---|---|---|
| S | ☐ | ☐ | ☐ | ☐ | ☐ | ☐ | ☐ | ☐ | ☐ | ☐ |
| R | ☐ | ☐ | ☐ | ☐ | ☐ | ☐ | ☐ | ☐ | ☐ | ☐ |

NAME:

ADDRESS:

PHONE: EMAIL:

| | 2023 | 2024 | 2025 | 2026 | 2027 | 2028 | 2029 | 2030 | 2031 | 2032 |
|---|---|---|---|---|---|---|---|---|---|---|
| S | ☐ | ☐ | ☐ | ☐ | ☐ | ☐ | ☐ | ☐ | ☐ | ☐ |
| R | ☐ | ☐ | ☐ | ☐ | ☐ | ☐ | ☐ | ☐ | ☐ | ☐ |

# P

NAME:

ADDRESS:

PHONE: EMAIL:

| | 2023 | 2024 | 2025 | 2026 | 2027 | 2028 | 2029 | 2030 | 2031 | 2032 |
|---|---|---|---|---|---|---|---|---|---|---|
| S | ☐ | ☐ | ☐ | ☐ | ☐ | ☐ | ☐ | ☐ | ☐ | ☐ |
| R | ☐ | ☐ | ☐ | ☐ | ☐ | ☐ | ☐ | ☐ | ☐ | ☐ |

NAME:

ADDRESS:

PHONE: EMAIL:

| | 2023 | 2024 | 2025 | 2026 | 2027 | 2028 | 2029 | 2030 | 2031 | 2032 |
|---|---|---|---|---|---|---|---|---|---|---|
| S | ☐ | ☐ | ☐ | ☐ | ☐ | ☐ | ☐ | ☐ | ☐ | ☐ |
| R | ☐ | ☐ | ☐ | ☐ | ☐ | ☐ | ☐ | ☐ | ☐ | ☐ |

NAME:

ADDRESS:

PHONE: EMAIL:

| | 2023 | 2024 | 2025 | 2026 | 2027 | 2028 | 2029 | 2030 | 2031 | 2032 |
|---|---|---|---|---|---|---|---|---|---|---|
| S | ☐ | ☐ | ☐ | ☐ | ☐ | ☐ | ☐ | ☐ | ☐ | ☐ |
| R | ☐ | ☐ | ☐ | ☐ | ☐ | ☐ | ☐ | ☐ | ☐ | ☐ |

NAME: ______________________________
ADDRESS: ______________________________
______________________________
PHONE: ______________ EMAIL: ______________

| | 2023 | 2024 | 2025 | 2026 | 2027 | 2028 | 2029 | 2030 | 2031 | 2032 |
|---|---|---|---|---|---|---|---|---|---|---|
| S | ☐ | ☐ | ☐ | ☐ | ☐ | ☐ | ☐ | ☐ | ☐ | ☐ |
| R | ☐ | ☐ | ☐ | ☐ | ☐ | ☐ | ☐ | ☐ | ☐ | ☐ |

NAME: ______________________________
ADDRESS: ______________________________
______________________________
PHONE: ______________ EMAIL: ______________

| | 2023 | 2024 | 2025 | 2026 | 2027 | 2028 | 2029 | 2030 | 2031 | 2032 |
|---|---|---|---|---|---|---|---|---|---|---|
| S | ☐ | ☐ | ☐ | ☐ | ☐ | ☐ | ☐ | ☐ | ☐ | ☐ |
| R | ☐ | ☐ | ☐ | ☐ | ☐ | ☐ | ☐ | ☐ | ☐ | ☐ |

NAME: ______________________________
ADDRESS: ______________________________
______________________________
PHONE: ______________ EMAIL: ______________

| | 2023 | 2024 | 2025 | 2026 | 2027 | 2028 | 2029 | 2030 | 2031 | 2032 |
|---|---|---|---|---|---|---|---|---|---|---|
| S | ☐ | ☐ | ☐ | ☐ | ☐ | ☐ | ☐ | ☐ | ☐ | ☐ |
| R | ☐ | ☐ | ☐ | ☐ | ☐ | ☐ | ☐ | ☐ | ☐ | ☐ |

# P

NAME:

ADDRESS:

PHONE: EMAIL:

| | 2023 | 2024 | 2025 | 2026 | 2027 | 2028 | 2029 | 2030 | 2031 | 2032 |
|---|---|---|---|---|---|---|---|---|---|---|
| S | ☐ | ☐ | ☐ | ☐ | ☐ | ☐ | ☐ | ☐ | ☐ | ☐ |
| R | ☐ | ☐ | ☐ | ☐ | ☐ | ☐ | ☐ | ☐ | ☐ | ☐ |

NAME:

ADDRESS:

PHONE: EMAIL:

| | 2023 | 2024 | 2025 | 2026 | 2027 | 2028 | 2029 | 2030 | 2031 | 2032 |
|---|---|---|---|---|---|---|---|---|---|---|
| S | ☐ | ☐ | ☐ | ☐ | ☐ | ☐ | ☐ | ☐ | ☐ | ☐ |
| R | ☐ | ☐ | ☐ | ☐ | ☐ | ☐ | ☐ | ☐ | ☐ | ☐ |

NAME:

ADDRESS:

PHONE: EMAIL:

| | 2023 | 2024 | 2025 | 2026 | 2027 | 2028 | 2029 | 2030 | 2031 | 2032 |
|---|---|---|---|---|---|---|---|---|---|---|
| S | ☐ | ☐ | ☐ | ☐ | ☐ | ☐ | ☐ | ☐ | ☐ | ☐ |
| R | ☐ | ☐ | ☐ | ☐ | ☐ | ☐ | ☐ | ☐ | ☐ | ☐ |

P

NAME:

ADDRESS:

PHONE: EMAIL:

| | 2023 | 2024 | 2025 | 2026 | 2027 | 2028 | 2029 | 2030 | 2031 | 2032 |
|---|---|---|---|---|---|---|---|---|---|---|
| S | ☐ | ☐ | ☐ | ☐ | ☐ | ☐ | ☐ | ☐ | ☐ | ☐ |
| R | ☐ | ☐ | ☐ | ☐ | ☐ | ☐ | ☐ | ☐ | ☐ | ☐ |

NAME:

ADDRESS:

PHONE: EMAIL:

| | 2023 | 2024 | 2025 | 2026 | 2027 | 2028 | 2029 | 2030 | 2031 | 2032 |
|---|---|---|---|---|---|---|---|---|---|---|
| S | ☐ | ☐ | ☐ | ☐ | ☐ | ☐ | ☐ | ☐ | ☐ | ☐ |
| R | ☐ | ☐ | ☐ | ☐ | ☐ | ☐ | ☐ | ☐ | ☐ | ☐ |

NAME:

ADDRESS:

PHONE: EMAIL:

| | 2023 | 2024 | 2025 | 2026 | 2027 | 2028 | 2029 | 2030 | 2031 | 2032 |
|---|---|---|---|---|---|---|---|---|---|---|
| S | ☐ | ☐ | ☐ | ☐ | ☐ | ☐ | ☐ | ☐ | ☐ | ☐ |
| R | ☐ | ☐ | ☐ | ☐ | ☐ | ☐ | ☐ | ☐ | ☐ | ☐ |

# Q

NAME:

ADDRESS:

PHONE: EMAIL:

| | 2023 | 2024 | 2025 | 2026 | 2027 | 2028 | 2029 | 2030 | 2031 | 2032 |
|---|---|---|---|---|---|---|---|---|---|---|
| S | ☐ | ☐ | ☐ | ☐ | ☐ | ☐ | ☐ | ☐ | ☐ | ☐ |
| R | ☐ | ☐ | ☐ | ☐ | ☐ | ☐ | ☐ | ☐ | ☐ | ☐ |

NAME:

ADDRESS:

PHONE: EMAIL:

| | 2023 | 2024 | 2025 | 2026 | 2027 | 2028 | 2029 | 2030 | 2031 | 2032 |
|---|---|---|---|---|---|---|---|---|---|---|
| S | ☐ | ☐ | ☐ | ☐ | ☐ | ☐ | ☐ | ☐ | ☐ | ☐ |
| R | ☐ | ☐ | ☐ | ☐ | ☐ | ☐ | ☐ | ☐ | ☐ | ☐ |

NAME:

ADDRESS:

PHONE: EMAIL:

| | 2023 | 2024 | 2025 | 2026 | 2027 | 2028 | 2029 | 2030 | 2031 | 2032 |
|---|---|---|---|---|---|---|---|---|---|---|
| S | ☐ | ☐ | ☐ | ☐ | ☐ | ☐ | ☐ | ☐ | ☐ | ☐ |
| R | ☐ | ☐ | ☐ | ☐ | ☐ | ☐ | ☐ | ☐ | ☐ | ☐ |

Q

NAME:

ADDRESS:

PHONE: EMAIL:

| | 2023 | 2024 | 2025 | 2026 | 2027 | 2028 | 2029 | 2030 | 2031 | 2032 |
|---|---|---|---|---|---|---|---|---|---|---|
| S | ☐ | ☐ | ☐ | ☐ | ☐ | ☐ | ☐ | ☐ | ☐ | ☐ |
| R | ☐ | ☐ | ☐ | ☐ | ☐ | ☐ | ☐ | ☐ | ☐ | ☐ |

NAME:

ADDRESS:

PHONE: EMAIL:

| | 2023 | 2024 | 2025 | 2026 | 2027 | 2028 | 2029 | 2030 | 2031 | 2032 |
|---|---|---|---|---|---|---|---|---|---|---|
| S | ☐ | ☐ | ☐ | ☐ | ☐ | ☐ | ☐ | ☐ | ☐ | ☐ |
| R | ☐ | ☐ | ☐ | ☐ | ☐ | ☐ | ☐ | ☐ | ☐ | ☐ |

NAME:

ADDRESS:

PHONE: EMAIL:

| | 2023 | 2024 | 2025 | 2026 | 2027 | 2028 | 2029 | 2030 | 2031 | 2032 |
|---|---|---|---|---|---|---|---|---|---|---|
| S | ☐ | ☐ | ☐ | ☐ | ☐ | ☐ | ☐ | ☐ | ☐ | ☐ |
| R | ☐ | ☐ | ☐ | ☐ | ☐ | ☐ | ☐ | ☐ | ☐ | ☐ |

# R

NAME:

ADDRESS:

PHONE: EMAIL:

| | 2023 | 2024 | 2025 | 2026 | 2027 | 2028 | 2029 | 2030 | 2031 | 2032 |
|---|---|---|---|---|---|---|---|---|---|---|
| S | ☐ | ☐ | ☐ | ☐ | ☐ | ☐ | ☐ | ☐ | ☐ | ☐ |
| R | ☐ | ☐ | ☐ | ☐ | ☐ | ☐ | ☐ | ☐ | ☐ | ☐ |

NAME:

ADDRESS:

PHONE: EMAIL:

| | 2023 | 2024 | 2025 | 2026 | 2027 | 2028 | 2029 | 2030 | 2031 | 2032 |
|---|---|---|---|---|---|---|---|---|---|---|
| S | ☐ | ☐ | ☐ | ☐ | ☐ | ☐ | ☐ | ☐ | ☐ | ☐ |
| R | ☐ | ☐ | ☐ | ☐ | ☐ | ☐ | ☐ | ☐ | ☐ | ☐ |

NAME:

ADDRESS:

PHONE: EMAIL:

| | 2023 | 2024 | 2025 | 2026 | 2027 | 2028 | 2029 | 2030 | 2031 | 2032 |
|---|---|---|---|---|---|---|---|---|---|---|
| S | ☐ | ☐ | ☐ | ☐ | ☐ | ☐ | ☐ | ☐ | ☐ | ☐ |
| R | ☐ | ☐ | ☐ | ☐ | ☐ | ☐ | ☐ | ☐ | ☐ | ☐ |

R

NAME:

ADDRESS:

PHONE: EMAIL:

| | 2023 | 2024 | 2025 | 2026 | 2027 | 2028 | 2029 | 2030 | 2031 | 2032 |
|---|---|---|---|---|---|---|---|---|---|---|
| S | ☐ | ☐ | ☐ | ☐ | ☐ | ☐ | ☐ | ☐ | ☐ | ☐ |
| R | ☐ | ☐ | ☐ | ☐ | ☐ | ☐ | ☐ | ☐ | ☐ | ☐ |

NAME:

ADDRESS:

PHONE: EMAIL:

| | 2023 | 2024 | 2025 | 2026 | 2027 | 2028 | 2029 | 2030 | 2031 | 2032 |
|---|---|---|---|---|---|---|---|---|---|---|
| S | ☐ | ☐ | ☐ | ☐ | ☐ | ☐ | ☐ | ☐ | ☐ | ☐ |
| R | ☐ | ☐ | ☐ | ☐ | ☐ | ☐ | ☐ | ☐ | ☐ | ☐ |

NAME:

ADDRESS:

PHONE: EMAIL:

| | 2023 | 2024 | 2025 | 2026 | 2027 | 2028 | 2029 | 2030 | 2031 | 2032 |
|---|---|---|---|---|---|---|---|---|---|---|
| S | ☐ | ☐ | ☐ | ☐ | ☐ | ☐ | ☐ | ☐ | ☐ | ☐ |
| R | ☐ | ☐ | ☐ | ☐ | ☐ | ☐ | ☐ | ☐ | ☐ | ☐ |

# R

NAME: ______________________________

ADDRESS: ______________________________

______________________________

PHONE: ______________ EMAIL: ______________

| | 2023 | 2024 | 2025 | 2026 | 2027 | 2028 | 2029 | 2030 | 2031 | 2032 |
|---|---|---|---|---|---|---|---|---|---|---|
| S | ☐ | ☐ | ☐ | ☐ | ☐ | ☐ | ☐ | ☐ | ☐ | ☐ |
| R | ☐ | ☐ | ☐ | ☐ | ☐ | ☐ | ☐ | ☐ | ☐ | ☐ |

NAME: ______________________________

ADDRESS: ______________________________

______________________________

PHONE: ______________ EMAIL: ______________

| | 2023 | 2024 | 2025 | 2026 | 2027 | 2028 | 2029 | 2030 | 2031 | 2032 |
|---|---|---|---|---|---|---|---|---|---|---|
| S | ☐ | ☐ | ☐ | ☐ | ☐ | ☐ | ☐ | ☐ | ☐ | ☐ |
| R | ☐ | ☐ | ☐ | ☐ | ☐ | ☐ | ☐ | ☐ | ☐ | ☐ |

NAME: ______________________________

ADDRESS: ______________________________

______________________________

PHONE: ______________ EMAIL: ______________

| | 2023 | 2024 | 2025 | 2026 | 2027 | 2028 | 2029 | 2030 | 2031 | 2032 |
|---|---|---|---|---|---|---|---|---|---|---|
| S | ☐ | ☐ | ☐ | ☐ | ☐ | ☐ | ☐ | ☐ | ☐ | ☐ |
| R | ☐ | ☐ | ☐ | ☐ | ☐ | ☐ | ☐ | ☐ | ☐ | ☐ |

R

NAME: ______________________

ADDRESS: ______________________

______________________

PHONE: ______________ EMAIL: ______________

| | 2023 | 2024 | 2025 | 2026 | 2027 | 2028 | 2029 | 2030 | 2031 | 2032 |
|---|---|---|---|---|---|---|---|---|---|---|
| S | ☐ | ☐ | ☐ | ☐ | ☐ | ☐ | ☐ | ☐ | ☐ | ☐ |
| R | ☐ | ☐ | ☐ | ☐ | ☐ | ☐ | ☐ | ☐ | ☐ | ☐ |

---

NAME: ______________________

ADDRESS: ______________________

______________________

PHONE: ______________ EMAIL: ______________

| | 2023 | 2024 | 2025 | 2026 | 2027 | 2028 | 2029 | 2030 | 2031 | 2032 |
|---|---|---|---|---|---|---|---|---|---|---|
| S | ☐ | ☐ | ☐ | ☐ | ☐ | ☐ | ☐ | ☐ | ☐ | ☐ |
| R | ☐ | ☐ | ☐ | ☐ | ☐ | ☐ | ☐ | ☐ | ☐ | ☐ |

---

NAME: ______________________

ADDRESS: ______________________

______________________

PHONE: ______________ EMAIL: ______________

| | 2023 | 2024 | 2025 | 2026 | 2027 | 2028 | 2029 | 2030 | 2031 | 2032 |
|---|---|---|---|---|---|---|---|---|---|---|
| S | ☐ | ☐ | ☐ | ☐ | ☐ | ☐ | ☐ | ☐ | ☐ | ☐ |
| R | ☐ | ☐ | ☐ | ☐ | ☐ | ☐ | ☐ | ☐ | ☐ | ☐ |

## S

NAME:

ADDRESS:

PHONE: EMAIL:

| | 2023 | 2024 | 2025 | 2026 | 2027 | 2028 | 2029 | 2030 | 2031 | 2032 |
|---|---|---|---|---|---|---|---|---|---|---|
| S | ☐ | ☐ | ☐ | ☐ | ☐ | ☐ | ☐ | ☐ | ☐ | ☐ |
| R | ☐ | ☐ | ☐ | ☐ | ☐ | ☐ | ☐ | ☐ | ☐ | ☐ |

NAME:

ADDRESS:

PHONE: EMAIL:

| | 2023 | 2024 | 2025 | 2026 | 2027 | 2028 | 2029 | 2030 | 2031 | 2032 |
|---|---|---|---|---|---|---|---|---|---|---|
| S | ☐ | ☐ | ☐ | ☐ | ☐ | ☐ | ☐ | ☐ | ☐ | ☐ |
| R | ☐ | ☐ | ☐ | ☐ | ☐ | ☐ | ☐ | ☐ | ☐ | ☐ |

NAME:

ADDRESS:

PHONE: EMAIL:

| | 2023 | 2024 | 2025 | 2026 | 2027 | 2028 | 2029 | 2030 | 2031 | 2032 |
|---|---|---|---|---|---|---|---|---|---|---|
| S | ☐ | ☐ | ☐ | ☐ | ☐ | ☐ | ☐ | ☐ | ☐ | ☐ |
| R | ☐ | ☐ | ☐ | ☐ | ☐ | ☐ | ☐ | ☐ | ☐ | ☐ |

S

NAME:

ADDRESS:

PHONE: EMAIL:

| | 2023 | 2024 | 2025 | 2026 | 2027 | 2028 | 2029 | 2030 | 2031 | 2032 |
|---|---|---|---|---|---|---|---|---|---|---|
| S | ☐ | ☐ | ☐ | ☐ | ☐ | ☐ | ☐ | ☐ | ☐ | ☐ |
| R | ☐ | ☐ | ☐ | ☐ | ☐ | ☐ | ☐ | ☐ | ☐ | ☐ |

NAME:

ADDRESS:

PHONE: EMAIL:

| | 2023 | 2024 | 2025 | 2026 | 2027 | 2028 | 2029 | 2030 | 2031 | 2032 |
|---|---|---|---|---|---|---|---|---|---|---|
| S | ☐ | ☐ | ☐ | ☐ | ☐ | ☐ | ☐ | ☐ | ☐ | ☐ |
| R | ☐ | ☐ | ☐ | ☐ | ☐ | ☐ | ☐ | ☐ | ☐ | ☐ |

NAME:

ADDRESS:

PHONE: EMAIL:

| | 2023 | 2024 | 2025 | 2026 | 2027 | 2028 | 2029 | 2030 | 2031 | 2032 |
|---|---|---|---|---|---|---|---|---|---|---|
| S | ☐ | ☐ | ☐ | ☐ | ☐ | ☐ | ☐ | ☐ | ☐ | ☐ |
| R | ☐ | ☐ | ☐ | ☐ | ☐ | ☐ | ☐ | ☐ | ☐ | ☐ |

# S

NAME:

ADDRESS:

PHONE: EMAIL:

| | 2023 | 2024 | 2025 | 2026 | 2027 | 2028 | 2029 | 2030 | 2031 | 2032 |
|---|---|---|---|---|---|---|---|---|---|---|
| S | ☐ | ☐ | ☐ | ☐ | ☐ | ☐ | ☐ | ☐ | ☐ | ☐ |
| R | ☐ | ☐ | ☐ | ☐ | ☐ | ☐ | ☐ | ☐ | ☐ | ☐ |

NAME:

ADDRESS:

PHONE: EMAIL:

| | 2023 | 2024 | 2025 | 2026 | 2027 | 2028 | 2029 | 2030 | 2031 | 2032 |
|---|---|---|---|---|---|---|---|---|---|---|
| S | ☐ | ☐ | ☐ | ☐ | ☐ | ☐ | ☐ | ☐ | ☐ | ☐ |
| R | ☐ | ☐ | ☐ | ☐ | ☐ | ☐ | ☐ | ☐ | ☐ | ☐ |

NAME:

ADDRESS:

PHONE: EMAIL:

| | 2023 | 2024 | 2025 | 2026 | 2027 | 2028 | 2029 | 2030 | 2031 | 2032 |
|---|---|---|---|---|---|---|---|---|---|---|
| S | ☐ | ☐ | ☐ | ☐ | ☐ | ☐ | ☐ | ☐ | ☐ | ☐ |
| R | ☐ | ☐ | ☐ | ☐ | ☐ | ☐ | ☐ | ☐ | ☐ | ☐ |

S

NAME:

ADDRESS:

PHONE: EMAIL:

| | 2023 | 2024 | 2025 | 2026 | 2027 | 2028 | 2029 | 2030 | 2031 | 2032 |
|---|---|---|---|---|---|---|---|---|---|---|
| S | ☐ | ☐ | ☐ | ☐ | ☐ | ☐ | ☐ | ☐ | ☐ | ☐ |
| R | ☐ | ☐ | ☐ | ☐ | ☐ | ☐ | ☐ | ☐ | ☐ | ☐ |

---

NAME:

ADDRESS:

PHONE: EMAIL:

| | 2023 | 2024 | 2025 | 2026 | 2027 | 2028 | 2029 | 2030 | 2031 | 2032 |
|---|---|---|---|---|---|---|---|---|---|---|
| S | ☐ | ☐ | ☐ | ☐ | ☐ | ☐ | ☐ | ☐ | ☐ | ☐ |
| R | ☐ | ☐ | ☐ | ☐ | ☐ | ☐ | ☐ | ☐ | ☐ | ☐ |

---

NAME:

ADDRESS:

PHONE: EMAIL:

| | 2023 | 2024 | 2025 | 2026 | 2027 | 2028 | 2029 | 2030 | 2031 | 2032 |
|---|---|---|---|---|---|---|---|---|---|---|
| S | ☐ | ☐ | ☐ | ☐ | ☐ | ☐ | ☐ | ☐ | ☐ | ☐ |
| R | ☐ | ☐ | ☐ | ☐ | ☐ | ☐ | ☐ | ☐ | ☐ | ☐ |

# S

NAME:

ADDRESS:

PHONE: EMAIL:

| | 2023 | 2024 | 2025 | 2026 | 2027 | 2028 | 2029 | 2030 | 2031 | 2032 |
|---|---|---|---|---|---|---|---|---|---|---|
| S | ☐ | ☐ | ☐ | ☐ | ☐ | ☐ | ☐ | ☐ | ☐ | ☐ |
| R | ☐ | ☐ | ☐ | ☐ | ☐ | ☐ | ☐ | ☐ | ☐ | ☐ |

NAME:

ADDRESS:

PHONE: EMAIL:

| | 2023 | 2024 | 2025 | 2026 | 2027 | 2028 | 2029 | 2030 | 2031 | 2032 |
|---|---|---|---|---|---|---|---|---|---|---|
| S | ☐ | ☐ | ☐ | ☐ | ☐ | ☐ | ☐ | ☐ | ☐ | ☐ |
| R | ☐ | ☐ | ☐ | ☐ | ☐ | ☐ | ☐ | ☐ | ☐ | ☐ |

NAME:

ADDRESS:

PHONE: EMAIL:

| | 2023 | 2024 | 2025 | 2026 | 2027 | 2028 | 2029 | 2030 | 2031 | 2032 |
|---|---|---|---|---|---|---|---|---|---|---|
| S | ☐ | ☐ | ☐ | ☐ | ☐ | ☐ | ☐ | ☐ | ☐ | ☐ |
| R | ☐ | ☐ | ☐ | ☐ | ☐ | ☐ | ☐ | ☐ | ☐ | ☐ |

NAME:

ADDRESS:

PHONE: EMAIL:

| | 2023 | 2024 | 2025 | 2026 | 2027 | 2028 | 2029 | 2030 | 2031 | 2032 |
|---|---|---|---|---|---|---|---|---|---|---|
| S | ☐ | ☐ | ☐ | ☐ | ☐ | ☐ | ☐ | ☐ | ☐ | ☐ |
| R | ☐ | ☐ | ☐ | ☐ | ☐ | ☐ | ☐ | ☐ | ☐ | ☐ |

NAME:

ADDRESS:

PHONE: EMAIL:

| | 2023 | 2024 | 2025 | 2026 | 2027 | 2028 | 2029 | 2030 | 2031 | 2032 |
|---|---|---|---|---|---|---|---|---|---|---|
| S | ☐ | ☐ | ☐ | ☐ | ☐ | ☐ | ☐ | ☐ | ☐ | ☐ |
| R | ☐ | ☐ | ☐ | ☐ | ☐ | ☐ | ☐ | ☐ | ☐ | ☐ |

NAME:

ADDRESS:

PHONE: EMAIL:

| | 2023 | 2024 | 2025 | 2026 | 2027 | 2028 | 2029 | 2030 | 2031 | 2032 |
|---|---|---|---|---|---|---|---|---|---|---|
| S | ☐ | ☐ | ☐ | ☐ | ☐ | ☐ | ☐ | ☐ | ☐ | ☐ |
| R | ☐ | ☐ | ☐ | ☐ | ☐ | ☐ | ☐ | ☐ | ☐ | ☐ |

# T

NAME: ______________________

ADDRESS: ______________________

______________________

PHONE: ____________ EMAIL: ____________

| | 2023 | 2024 | 2025 | 2026 | 2027 | 2028 | 2029 | 2030 | 2031 | 2032 |
|---|---|---|---|---|---|---|---|---|---|---|
| S | ☐ | ☐ | ☐ | ☐ | ☐ | ☐ | ☐ | ☐ | ☐ | ☐ |
| R | ☐ | ☐ | ☐ | ☐ | ☐ | ☐ | ☐ | ☐ | ☐ | ☐ |

NAME: ______________________

ADDRESS: ______________________

______________________

PHONE: ____________ EMAIL: ____________

| | 2023 | 2024 | 2025 | 2026 | 2027 | 2028 | 2029 | 2030 | 2031 | 2032 |
|---|---|---|---|---|---|---|---|---|---|---|
| S | ☐ | ☐ | ☐ | ☐ | ☐ | ☐ | ☐ | ☐ | ☐ | ☐ |
| R | ☐ | ☐ | ☐ | ☐ | ☐ | ☐ | ☐ | ☐ | ☐ | ☐ |

NAME: ______________________

ADDRESS: ______________________

______________________

PHONE: ____________ EMAIL: ____________

| | 2023 | 2024 | 2025 | 2026 | 2027 | 2028 | 2029 | 2030 | 2031 | 2032 |
|---|---|---|---|---|---|---|---|---|---|---|
| S | ☐ | ☐ | ☐ | ☐ | ☐ | ☐ | ☐ | ☐ | ☐ | ☐ |
| R | ☐ | ☐ | ☐ | ☐ | ☐ | ☐ | ☐ | ☐ | ☐ | ☐ |

NAME:

ADDRESS:

PHONE: EMAIL:

| | 2023 | 2024 | 2025 | 2026 | 2027 | 2028 | 2029 | 2030 | 2031 | 2032 |
|---|---|---|---|---|---|---|---|---|---|---|
| S | ☐ | ☐ | ☐ | ☐ | ☐ | ☐ | ☐ | ☐ | ☐ | ☐ |
| R | ☐ | ☐ | ☐ | ☐ | ☐ | ☐ | ☐ | ☐ | ☐ | ☐ |

NAME:

ADDRESS:

PHONE: EMAIL:

| | 2023 | 2024 | 2025 | 2026 | 2027 | 2028 | 2029 | 2030 | 2031 | 2032 |
|---|---|---|---|---|---|---|---|---|---|---|
| S | ☐ | ☐ | ☐ | ☐ | ☐ | ☐ | ☐ | ☐ | ☐ | ☐ |
| R | ☐ | ☐ | ☐ | ☐ | ☐ | ☐ | ☐ | ☐ | ☐ | ☐ |

NAME:

ADDRESS:

PHONE: EMAIL:

| | 2023 | 2024 | 2025 | 2026 | 2027 | 2028 | 2029 | 2030 | 2031 | 2032 |
|---|---|---|---|---|---|---|---|---|---|---|
| S | ☐ | ☐ | ☐ | ☐ | ☐ | ☐ | ☐ | ☐ | ☐ | ☐ |
| R | ☐ | ☐ | ☐ | ☐ | ☐ | ☐ | ☐ | ☐ | ☐ | ☐ |

T

NAME:

ADDRESS:

PHONE: EMAIL:

| | 2023 | 2024 | 2025 | 2026 | 2027 | 2028 | 2029 | 2030 | 2031 | 2032 |
|---|---|---|---|---|---|---|---|---|---|---|
| S | ☐ | ☐ | ☐ | ☐ | ☐ | ☐ | ☐ | ☐ | ☐ | ☐ |
| R | ☐ | ☐ | ☐ | ☐ | ☐ | ☐ | ☐ | ☐ | ☐ | ☐ |

NAME:

ADDRESS:

PHONE: EMAIL:

| | 2023 | 2024 | 2025 | 2026 | 2027 | 2028 | 2029 | 2030 | 2031 | 2032 |
|---|---|---|---|---|---|---|---|---|---|---|
| S | ☐ | ☐ | ☐ | ☐ | ☐ | ☐ | ☐ | ☐ | ☐ | ☐ |
| R | ☐ | ☐ | ☐ | ☐ | ☐ | ☐ | ☐ | ☐ | ☐ | ☐ |

NAME:

ADDRESS:

PHONE: EMAIL:

| | 2023 | 2024 | 2025 | 2026 | 2027 | 2028 | 2029 | 2030 | 2031 | 2032 |
|---|---|---|---|---|---|---|---|---|---|---|
| S | ☐ | ☐ | ☐ | ☐ | ☐ | ☐ | ☐ | ☐ | ☐ | ☐ |
| R | ☐ | ☐ | ☐ | ☐ | ☐ | ☐ | ☐ | ☐ | ☐ | ☐ |

NAME: ______________________

ADDRESS: ______________________

______________________

PHONE: ______________ EMAIL: ______________

| | 2023 | 2024 | 2025 | 2026 | 2027 | 2028 | 2029 | 2030 | 2031 | 2032 |
|---|---|---|---|---|---|---|---|---|---|---|
| S | ☐ | ☐ | ☐ | ☐ | ☐ | ☐ | ☐ | ☐ | ☐ | ☐ |
| R | ☐ | ☐ | ☐ | ☐ | ☐ | ☐ | ☐ | ☐ | ☐ | ☐ |

NAME: ______________________

ADDRESS: ______________________

______________________

PHONE: ______________ EMAIL: ______________

| | 2023 | 2024 | 2025 | 2026 | 2027 | 2028 | 2029 | 2030 | 2031 | 2032 |
|---|---|---|---|---|---|---|---|---|---|---|
| S | ☐ | ☐ | ☐ | ☐ | ☐ | ☐ | ☐ | ☐ | ☐ | ☐ |
| R | ☐ | ☐ | ☐ | ☐ | ☐ | ☐ | ☐ | ☐ | ☐ | ☐ |

NAME: ______________________

ADDRESS: ______________________

______________________

PHONE: ______________ EMAIL: ______________

| | 2023 | 2024 | 2025 | 2026 | 2027 | 2028 | 2029 | 2030 | 2031 | 2032 |
|---|---|---|---|---|---|---|---|---|---|---|
| S | ☐ | ☐ | ☐ | ☐ | ☐ | ☐ | ☐ | ☐ | ☐ | ☐ |
| R | ☐ | ☐ | ☐ | ☐ | ☐ | ☐ | ☐ | ☐ | ☐ | ☐ |

# U

NAME:

ADDRESS:

PHONE: EMAIL:

| | 2023 | 2024 | 2025 | 2026 | 2027 | 2028 | 2029 | 2030 | 2031 | 2032 |
|---|---|---|---|---|---|---|---|---|---|---|
| S | ☐ | ☐ | ☐ | ☐ | ☐ | ☐ | ☐ | ☐ | ☐ | ☐ |
| R | ☐ | ☐ | ☐ | ☐ | ☐ | ☐ | ☐ | ☐ | ☐ | ☐ |

NAME:

ADDRESS:

PHONE: EMAIL:

| | 2023 | 2024 | 2025 | 2026 | 2027 | 2028 | 2029 | 2030 | 2031 | 2032 |
|---|---|---|---|---|---|---|---|---|---|---|
| S | ☐ | ☐ | ☐ | ☐ | ☐ | ☐ | ☐ | ☐ | ☐ | ☐ |
| R | ☐ | ☐ | ☐ | ☐ | ☐ | ☐ | ☐ | ☐ | ☐ | ☐ |

NAME:

ADDRESS:

PHONE: EMAIL:

| | 2023 | 2024 | 2025 | 2026 | 2027 | 2028 | 2029 | 2030 | 2031 | 2032 |
|---|---|---|---|---|---|---|---|---|---|---|
| S | ☐ | ☐ | ☐ | ☐ | ☐ | ☐ | ☐ | ☐ | ☐ | ☐ |
| R | ☐ | ☐ | ☐ | ☐ | ☐ | ☐ | ☐ | ☐ | ☐ | ☐ |

U

NAME:

ADDRESS:

PHONE: EMAIL:

| | 2023 | 2024 | 2025 | 2026 | 2027 | 2028 | 2029 | 2030 | 2031 | 2032 |
|---|---|---|---|---|---|---|---|---|---|---|
| S | ☐ | ☐ | ☐ | ☐ | ☐ | ☐ | ☐ | ☐ | ☐ | ☐ |
| R | ☐ | ☐ | ☐ | ☐ | ☐ | ☐ | ☐ | ☐ | ☐ | ☐ |

---

NAME:

ADDRESS:

PHONE: EMAIL:

| | 2023 | 2024 | 2025 | 2026 | 2027 | 2028 | 2029 | 2030 | 2031 | 2032 |
|---|---|---|---|---|---|---|---|---|---|---|
| S | ☐ | ☐ | ☐ | ☐ | ☐ | ☐ | ☐ | ☐ | ☐ | ☐ |
| R | ☐ | ☐ | ☐ | ☐ | ☐ | ☐ | ☐ | ☐ | ☐ | ☐ |

---

NAME:

ADDRESS:

PHONE: EMAIL:

| | 2023 | 2024 | 2025 | 2026 | 2027 | 2028 | 2029 | 2030 | 2031 | 2032 |
|---|---|---|---|---|---|---|---|---|---|---|
| S | ☐ | ☐ | ☐ | ☐ | ☐ | ☐ | ☐ | ☐ | ☐ | ☐ |
| R | ☐ | ☐ | ☐ | ☐ | ☐ | ☐ | ☐ | ☐ | ☐ | ☐ |

---

# V

NAME:

ADDRESS:

PHONE: EMAIL:

| | 2023 | 2024 | 2025 | 2026 | 2027 | 2028 | 2029 | 2030 | 2031 | 2032 |
|---|---|---|---|---|---|---|---|---|---|---|
| S | ☐ | ☐ | ☐ | ☐ | ☐ | ☐ | ☐ | ☐ | ☐ | ☐ |
| R | ☐ | ☐ | ☐ | ☐ | ☐ | ☐ | ☐ | ☐ | ☐ | ☐ |

NAME:

ADDRESS:

PHONE: EMAIL:

| | 2023 | 2024 | 2025 | 2026 | 2027 | 2028 | 2029 | 2030 | 2031 | 2032 |
|---|---|---|---|---|---|---|---|---|---|---|
| S | ☐ | ☐ | ☐ | ☐ | ☐ | ☐ | ☐ | ☐ | ☐ | ☐ |
| R | ☐ | ☐ | ☐ | ☐ | ☐ | ☐ | ☐ | ☐ | ☐ | ☐ |

NAME:

ADDRESS:

PHONE: EMAIL:

| | 2023 | 2024 | 2025 | 2026 | 2027 | 2028 | 2029 | 2030 | 2031 | 2032 |
|---|---|---|---|---|---|---|---|---|---|---|
| S | ☐ | ☐ | ☐ | ☐ | ☐ | ☐ | ☐ | ☐ | ☐ | ☐ |
| R | ☐ | ☐ | ☐ | ☐ | ☐ | ☐ | ☐ | ☐ | ☐ | ☐ |

NAME:

ADDRESS:

PHONE: EMAIL:

| | 2023 | 2024 | 2025 | 2026 | 2027 | 2028 | 2029 | 2030 | 2031 | 2032 |
|---|---|---|---|---|---|---|---|---|---|---|
| S | ☐ | ☐ | ☐ | ☐ | ☐ | ☐ | ☐ | ☐ | ☐ | ☐ |
| R | ☐ | ☐ | ☐ | ☐ | ☐ | ☐ | ☐ | ☐ | ☐ | ☐ |

NAME:

ADDRESS:

PHONE: EMAIL:

| | 2023 | 2024 | 2025 | 2026 | 2027 | 2028 | 2029 | 2030 | 2031 | 2032 |
|---|---|---|---|---|---|---|---|---|---|---|
| S | ☐ | ☐ | ☐ | ☐ | ☐ | ☐ | ☐ | ☐ | ☐ | ☐ |
| R | ☐ | ☐ | ☐ | ☐ | ☐ | ☐ | ☐ | ☐ | ☐ | ☐ |

NAME:

ADDRESS:

PHONE: EMAIL:

| | 2023 | 2024 | 2025 | 2026 | 2027 | 2028 | 2029 | 2030 | 2031 | 2032 |
|---|---|---|---|---|---|---|---|---|---|---|
| S | ☐ | ☐ | ☐ | ☐ | ☐ | ☐ | ☐ | ☐ | ☐ | ☐ |
| R | ☐ | ☐ | ☐ | ☐ | ☐ | ☐ | ☐ | ☐ | ☐ | ☐ |

W

NAME:

ADDRESS:

PHONE: EMAIL:

| | 2023 | 2024 | 2025 | 2026 | 2027 | 2028 | 2029 | 2030 | 2031 | 2032 |
|---|---|---|---|---|---|---|---|---|---|---|
| S | ☐ | ☐ | ☐ | ☐ | ☐ | ☐ | ☐ | ☐ | ☐ | ☐ |
| R | ☐ | ☐ | ☐ | ☐ | ☐ | ☐ | ☐ | ☐ | ☐ | ☐ |

---

NAME:

ADDRESS:

PHONE: EMAIL:

| | 2023 | 2024 | 2025 | 2026 | 2027 | 2028 | 2029 | 2030 | 2031 | 2032 |
|---|---|---|---|---|---|---|---|---|---|---|
| S | ☐ | ☐ | ☐ | ☐ | ☐ | ☐ | ☐ | ☐ | ☐ | ☐ |
| R | ☐ | ☐ | ☐ | ☐ | ☐ | ☐ | ☐ | ☐ | ☐ | ☐ |

---

NAME:

ADDRESS:

PHONE: EMAIL:

| | 2023 | 2024 | 2025 | 2026 | 2027 | 2028 | 2029 | 2030 | 2031 | 2032 |
|---|---|---|---|---|---|---|---|---|---|---|
| S | ☐ | ☐ | ☐ | ☐ | ☐ | ☐ | ☐ | ☐ | ☐ | ☐ |
| R | ☐ | ☐ | ☐ | ☐ | ☐ | ☐ | ☐ | ☐ | ☐ | ☐ |

NAME:

ADDRESS:

PHONE: EMAIL:

| | 2023 | 2024 | 2025 | 2026 | 2027 | 2028 | 2029 | 2030 | 2031 | 2032 |
|---|---|---|---|---|---|---|---|---|---|---|
| S | ☐ | ☐ | ☐ | ☐ | ☐ | ☐ | ☐ | ☐ | ☐ | ☐ |
| R | ☐ | ☐ | ☐ | ☐ | ☐ | ☐ | ☐ | ☐ | ☐ | ☐ |

NAME:

ADDRESS:

PHONE: EMAIL:

| | 2023 | 2024 | 2025 | 2026 | 2027 | 2028 | 2029 | 2030 | 2031 | 2032 |
|---|---|---|---|---|---|---|---|---|---|---|
| S | ☐ | ☐ | ☐ | ☐ | ☐ | ☐ | ☐ | ☐ | ☐ | ☐ |
| R | ☐ | ☐ | ☐ | ☐ | ☐ | ☐ | ☐ | ☐ | ☐ | ☐ |

NAME:

ADDRESS:

PHONE: EMAIL:

| | 2023 | 2024 | 2025 | 2026 | 2027 | 2028 | 2029 | 2030 | 2031 | 2032 |
|---|---|---|---|---|---|---|---|---|---|---|
| S | ☐ | ☐ | ☐ | ☐ | ☐ | ☐ | ☐ | ☐ | ☐ | ☐ |
| R | ☐ | ☐ | ☐ | ☐ | ☐ | ☐ | ☐ | ☐ | ☐ | ☐ |

# W

NAME:

ADDRESS:

PHONE: EMAIL:

| | 2023 | 2024 | 2025 | 2026 | 2027 | 2028 | 2029 | 2030 | 2031 | 2032 |
|---|---|---|---|---|---|---|---|---|---|---|
| S | ☐ | ☐ | ☐ | ☐ | ☐ | ☐ | ☐ | ☐ | ☐ | ☐ |
| R | ☐ | ☐ | ☐ | ☐ | ☐ | ☐ | ☐ | ☐ | ☐ | ☐ |

NAME:

ADDRESS:

PHONE: EMAIL:

| | 2023 | 2024 | 2025 | 2026 | 2027 | 2028 | 2029 | 2030 | 2031 | 2032 |
|---|---|---|---|---|---|---|---|---|---|---|
| S | ☐ | ☐ | ☐ | ☐ | ☐ | ☐ | ☐ | ☐ | ☐ | ☐ |
| R | ☐ | ☐ | ☐ | ☐ | ☐ | ☐ | ☐ | ☐ | ☐ | ☐ |

NAME:

ADDRESS:

PHONE: EMAIL:

| | 2023 | 2024 | 2025 | 2026 | 2027 | 2028 | 2029 | 2030 | 2031 | 2032 |
|---|---|---|---|---|---|---|---|---|---|---|
| S | ☐ | ☐ | ☐ | ☐ | ☐ | ☐ | ☐ | ☐ | ☐ | ☐ |
| R | ☐ | ☐ | ☐ | ☐ | ☐ | ☐ | ☐ | ☐ | ☐ | ☐ |

W

NAME:

ADDRESS:

PHONE: EMAIL:

| | 2023 | 2024 | 2025 | 2026 | 2027 | 2028 | 2029 | 2030 | 2031 | 2032 |
|---|---|---|---|---|---|---|---|---|---|---|
| S | ☐ | ☐ | ☐ | ☐ | ☐ | ☐ | ☐ | ☐ | ☐ | ☐ |
| R | ☐ | ☐ | ☐ | ☐ | ☐ | ☐ | ☐ | ☐ | ☐ | ☐ |

---

NAME:

ADDRESS:

PHONE: EMAIL:

| | 2023 | 2024 | 2025 | 2026 | 2027 | 2028 | 2029 | 2030 | 2031 | 2032 |
|---|---|---|---|---|---|---|---|---|---|---|
| S | ☐ | ☐ | ☐ | ☐ | ☐ | ☐ | ☐ | ☐ | ☐ | ☐ |
| R | ☐ | ☐ | ☐ | ☐ | ☐ | ☐ | ☐ | ☐ | ☐ | ☐ |

---

NAME:

ADDRESS:

PHONE: EMAIL:

| | 2023 | 2024 | 2025 | 2026 | 2027 | 2028 | 2029 | 2030 | 2031 | 2032 |
|---|---|---|---|---|---|---|---|---|---|---|
| S | ☐ | ☐ | ☐ | ☐ | ☐ | ☐ | ☐ | ☐ | ☐ | ☐ |
| R | ☐ | ☐ | ☐ | ☐ | ☐ | ☐ | ☐ | ☐ | ☐ | ☐ |

# X

NAME:

ADDRESS:

PHONE: EMAIL:

| | 2023 | 2024 | 2025 | 2026 | 2027 | 2028 | 2029 | 2030 | 2031 | 2032 |
|---|---|---|---|---|---|---|---|---|---|---|
| S | ☐ | ☐ | ☐ | ☐ | ☐ | ☐ | ☐ | ☐ | ☐ | ☐ |
| R | ☐ | ☐ | ☐ | ☐ | ☐ | ☐ | ☐ | ☐ | ☐ | ☐ |

NAME:

ADDRESS:

PHONE: EMAIL:

| | 2023 | 2024 | 2025 | 2026 | 2027 | 2028 | 2029 | 2030 | 2031 | 2032 |
|---|---|---|---|---|---|---|---|---|---|---|
| S | ☐ | ☐ | ☐ | ☐ | ☐ | ☐ | ☐ | ☐ | ☐ | ☐ |
| R | ☐ | ☐ | ☐ | ☐ | ☐ | ☐ | ☐ | ☐ | ☐ | ☐ |

NAME:

ADDRESS:

PHONE: EMAIL:

| | 2023 | 2024 | 2025 | 2026 | 2027 | 2028 | 2029 | 2030 | 2031 | 2032 |
|---|---|---|---|---|---|---|---|---|---|---|
| S | ☐ | ☐ | ☐ | ☐ | ☐ | ☐ | ☐ | ☐ | ☐ | ☐ |
| R | ☐ | ☐ | ☐ | ☐ | ☐ | ☐ | ☐ | ☐ | ☐ | ☐ |

X

NAME:

ADDRESS:

PHONE: EMAIL:

| | 2023 | 2024 | 2025 | 2026 | 2027 | 2028 | 2029 | 2030 | 2031 | 2032 |
|---|---|---|---|---|---|---|---|---|---|---|
| S | ☐ | ☐ | ☐ | ☐ | ☐ | ☐ | ☐ | ☐ | ☐ | ☐ |
| R | ☐ | ☐ | ☐ | ☐ | ☐ | ☐ | ☐ | ☐ | ☐ | ☐ |

NAME:

ADDRESS:

PHONE: EMAIL:

| | 2023 | 2024 | 2025 | 2026 | 2027 | 2028 | 2029 | 2030 | 2031 | 2032 |
|---|---|---|---|---|---|---|---|---|---|---|
| S | ☐ | ☐ | ☐ | ☐ | ☐ | ☐ | ☐ | ☐ | ☐ | ☐ |
| R | ☐ | ☐ | ☐ | ☐ | ☐ | ☐ | ☐ | ☐ | ☐ | ☐ |

NAME:

ADDRESS:

PHONE: EMAIL:

| | 2023 | 2024 | 2025 | 2026 | 2027 | 2028 | 2029 | 2030 | 2031 | 2032 |
|---|---|---|---|---|---|---|---|---|---|---|
| S | ☐ | ☐ | ☐ | ☐ | ☐ | ☐ | ☐ | ☐ | ☐ | ☐ |
| R | ☐ | ☐ | ☐ | ☐ | ☐ | ☐ | ☐ | ☐ | ☐ | ☐ |

# Y

NAME:

ADDRESS:

PHONE: EMAIL:

| | 2023 | 2024 | 2025 | 2026 | 2027 | 2028 | 2029 | 2030 | 2031 | 2032 |
|---|---|---|---|---|---|---|---|---|---|---|
| S | ☐ | ☐ | ☐ | ☐ | ☐ | ☐ | ☐ | ☐ | ☐ | ☐ |
| R | ☐ | ☐ | ☐ | ☐ | ☐ | ☐ | ☐ | ☐ | ☐ | ☐ |

NAME:

ADDRESS:

PHONE: EMAIL:

| | 2023 | 2024 | 2025 | 2026 | 2027 | 2028 | 2029 | 2030 | 2031 | 2032 |
|---|---|---|---|---|---|---|---|---|---|---|
| S | ☐ | ☐ | ☐ | ☐ | ☐ | ☐ | ☐ | ☐ | ☐ | ☐ |
| R | ☐ | ☐ | ☐ | ☐ | ☐ | ☐ | ☐ | ☐ | ☐ | ☐ |

NAME:

ADDRESS:

PHONE: EMAIL:

| | 2023 | 2024 | 2025 | 2026 | 2027 | 2028 | 2029 | 2030 | 2031 | 2032 |
|---|---|---|---|---|---|---|---|---|---|---|
| S | ☐ | ☐ | ☐ | ☐ | ☐ | ☐ | ☐ | ☐ | ☐ | ☐ |
| R | ☐ | ☐ | ☐ | ☐ | ☐ | ☐ | ☐ | ☐ | ☐ | ☐ |

Y

NAME:

ADDRESS:

PHONE: EMAIL:

| | 2023 | 2024 | 2025 | 2026 | 2027 | 2028 | 2029 | 2030 | 2031 | 2032 |
|---|---|---|---|---|---|---|---|---|---|---|
| S | ☐ | ☐ | ☐ | ☐ | ☐ | ☐ | ☐ | ☐ | ☐ | ☐ |
| R | ☐ | ☐ | ☐ | ☐ | ☐ | ☐ | ☐ | ☐ | ☐ | ☐ |

NAME:

ADDRESS:

PHONE: EMAIL:

| | 2023 | 2024 | 2025 | 2026 | 2027 | 2028 | 2029 | 2030 | 2031 | 2032 |
|---|---|---|---|---|---|---|---|---|---|---|
| S | ☐ | ☐ | ☐ | ☐ | ☐ | ☐ | ☐ | ☐ | ☐ | ☐ |
| R | ☐ | ☐ | ☐ | ☐ | ☐ | ☐ | ☐ | ☐ | ☐ | ☐ |

NAME:

ADDRESS:

PHONE: EMAIL:

| | 2023 | 2024 | 2025 | 2026 | 2027 | 2028 | 2029 | 2030 | 2031 | 2032 |
|---|---|---|---|---|---|---|---|---|---|---|
| S | ☐ | ☐ | ☐ | ☐ | ☐ | ☐ | ☐ | ☐ | ☐ | ☐ |
| R | ☐ | ☐ | ☐ | ☐ | ☐ | ☐ | ☐ | ☐ | ☐ | ☐ |

# Z

NAME:

ADDRESS:

PHONE: EMAIL:

| | 2023 | 2024 | 2025 | 2026 | 2027 | 2028 | 2029 | 2030 | 2031 | 2032 |
|---|---|---|---|---|---|---|---|---|---|---|
| S | ☐ | ☐ | ☐ | ☐ | ☐ | ☐ | ☐ | ☐ | ☐ | ☐ |
| R | ☐ | ☐ | ☐ | ☐ | ☐ | ☐ | ☐ | ☐ | ☐ | ☐ |

NAME:

ADDRESS:

PHONE: EMAIL:

| | 2023 | 2024 | 2025 | 2026 | 2027 | 2028 | 2029 | 2030 | 2031 | 2032 |
|---|---|---|---|---|---|---|---|---|---|---|
| S | ☐ | ☐ | ☐ | ☐ | ☐ | ☐ | ☐ | ☐ | ☐ | ☐ |
| R | ☐ | ☐ | ☐ | ☐ | ☐ | ☐ | ☐ | ☐ | ☐ | ☐ |

NAME:

ADDRESS:

PHONE: EMAIL:

| | 2023 | 2024 | 2025 | 2026 | 2027 | 2028 | 2029 | 2030 | 2031 | 2032 |
|---|---|---|---|---|---|---|---|---|---|---|
| S | ☐ | ☐ | ☐ | ☐ | ☐ | ☐ | ☐ | ☐ | ☐ | ☐ |
| R | ☐ | ☐ | ☐ | ☐ | ☐ | ☐ | ☐ | ☐ | ☐ | ☐ |

Z

NAME: ______________________________

ADDRESS: ______________________________

______________________________

PHONE: ______________ EMAIL: ______________

| | 2023 | 2024 | 2025 | 2026 | 2027 | 2028 | 2029 | 2030 | 2031 | 2032 |
|---|---|---|---|---|---|---|---|---|---|---|
| S | ☐ | ☐ | ☐ | ☐ | ☐ | ☐ | ☐ | ☐ | ☐ | ☐ |
| R | ☐ | ☐ | ☐ | ☐ | ☐ | ☐ | ☐ | ☐ | ☐ | ☐ |

NAME: ______________________________

ADDRESS: ______________________________

______________________________

PHONE: ______________ EMAIL: ______________

| | 2023 | 2024 | 2025 | 2026 | 2027 | 2028 | 2029 | 2030 | 2031 | 2032 |
|---|---|---|---|---|---|---|---|---|---|---|
| S | ☐ | ☐ | ☐ | ☐ | ☐ | ☐ | ☐ | ☐ | ☐ | ☐ |
| R | ☐ | ☐ | ☐ | ☐ | ☐ | ☐ | ☐ | ☐ | ☐ | ☐ |

NAME: ______________________________

ADDRESS: ______________________________

______________________________

PHONE: ______________ EMAIL: ______________

| | 2023 | 2024 | 2025 | 2026 | 2027 | 2028 | 2029 | 2030 | 2031 | 2032 |
|---|---|---|---|---|---|---|---|---|---|---|
| S | ☐ | ☐ | ☐ | ☐ | ☐ | ☐ | ☐ | ☐ | ☐ | ☐ |
| R | ☐ | ☐ | ☐ | ☐ | ☐ | ☐ | ☐ | ☐ | ☐ | ☐ |

# NOTES

# NOTES

Made in United States
Troutdale, OR
03/27/2024

18781558R00062